Peters / Urban (Hg.) · Ende der Zeit?

Tiemo Rainer Peters / Claus Urban (Hg.)

Ende der Zeit?

Die Provokation der Rede von Gott

Dokumentation einer Tagung
mit Joseph Kardinal Ratzinger, Johann Baptist Metz,
Jürgen Moltmann und Eveline Goodman-Thau in Ahaus

Matthias-Grünewald-Verlag · Mainz

verlags gruppe engagement

Der Matthias-Grünewald-Verlag ist Mitglied
der Verlagsgruppe engagement

Die Deutsche Bibliothek – CIP-Einheitsaufnahme
Ende der Zeit? : die Provokation der Rede von Gott ;
Dokumentation einer Tagung mit Joseph Kardinal Ratzinger, Johann Baptist Metz, Jürgen Moltmann und Eveline Goodman-Thau in Ahaus / Tiemo Rainer Peters ; Claus Urban (Hg.). - Mainz : Matthias-Grünewald-Verl., 1999
ISBN 3-7867-2169-6

Umschlag: Thomas & Thomas Design, Hildesheim
Fotos: Heinz Duttmann
Satz: Kontext – Satz & Layout, Lemsel
Druck und Bindung: Fuldaer Verlagsanstalt

ISBN 3-7867-2169-6

INHALT

Vorwort

Am 27. Oktober 1998 veranstalteten der Freundes- und Schülerkreis Johann Baptist Metz, das Seminar für Fundamentaltheologie an der Universität Münster sowie das aktuelle forum/Bildungsforum e.V. Ahaus im dortigen Schloß eine Theologische Tagung zum 70. Geburtstag von Johann Baptist Metz. Obwohl das Thema: „Ende der Zeit? Die Provokation der Rede von Gott“ nicht unbedingt von aktueller Brisanz zu sein schien oder besondere Praxisnähe versprach, verschaffte es dem durch Castortransporte und Atomproteste bereits auffällig gewordenen Ahaus eine ungewöhnliche Aufmerksamkeit.
Dafür gab es Gründe. Niemand Geringerer als der Präfekt der Vatikanischen Kongregation für die Glaubenslehre, Kardinal Joseph Ratzinger, hatte seine Teilnahme zugesagt und war auch erschienen – zur Empörung vieler, die nicht gekommen waren: Sollte Johann Baptist Metz, der Protagonist einer kritischen Linken in Theologie und Kirche, im Ernst gemeinsame Sache mit dem umstrittenen höchsten Glaubenshüter machen, dazu in einer Zeit kirchenpolitischer Spannungen und Gereiztheiten?
Da waren auch Eveline Goodman-Thau, die jüdische Religionsphilosophin, und Jürgen Moltmann, der Protestant mit befreiungs- und politisch-theologischen Überzeugungen. Es handelte sich also um eine Begegnung sehr unterschiedlicher Akteure mit konfessionell und religiös ausgeprägten Differenzen. – Der Vormittag gehörte den Hauptreferenten, Ratzinger und Metz, die nach ihren Vorträgen kurz aufeinander reagierten. Am Nachmittag fand dann das Podium statt, moderiert von Robert Leicht (DIE ZEIT) und eröffnet durch längere Statements von Moltmann und Goodman-Thau.
Die theologische „Provokation“, die im Titel der Tagung annonciert war, hatte die Gemüter bereits im Vorfeld bewegt und zu teilweise heftigen Reaktionen der Zustimmung und Ablehnung geführt. Doch im Fürstensaal des Ahauser Schlosses sowie vor der Leinwand einer Video-Übertragung folgte ein studentisch dominiertes

Publikum einen Tag lang gebannt der mal ruhig analysierenden, mal eindringlichen, manchmal auch mühsamen theologischen Reflexion. Die „Provokation" bestand denn auch nicht zuletzt in der unbedingten Ernsthaftigkeit – provozierend für all jene, die ein theologie- oder kirchenpolitisches Spektakel erwartet hatten.

„Theologie ist ein Hilfsmittel, ein Kampfmittel, nicht Selbstzweck" (Dietrich Bonhoeffer), Kampfmittel für den gequälten und leidenden Menschen – das jedenfalls ist das Credo der Politischen Theologie von Johann Baptist Metz, der mit dieser Tagung geehrt werden sollte. Aber wer sind die Leidenden und woran leiden sie? Hier lag der eigentliche theologische und kirchenpolitische Konfliktstoff: Läßt sich Leiden bekämpfen oder muß es nicht vielmehr angenommen werden; gibt es nicht einen im Glauben erfahrenen Sinn des Leidens? Und: Darf man im leidenden Menschen den an der Kirche Leidenden übersehen?

Es gehört zum Spezifikum Politischer Theologie, die Kirchenkrise ernst zu nehmen, ohne sich in kirchenpolitischen Appellen zu erschöpfen. Inmitten der Reformbewegung bedarf es der nachdenklichen Verständigung darüber, um welchen Gott und welche Kirche es überhaupt gehen soll: Was ist die Zeit, was die Gesellschaft, in der wir leben und unsere Kirchenträume entwickeln bzw. unsere Kirchenängste artikulieren?

„Es müßte reizvoll sein", hieß es in unserem Einladungsbrief an Kardinal Ratzinger, „gerade heute, jenseits der Lehrdifferenzen (aber sehr wohl um sie wissend!) noch einmal bei der Eschatologie anzusetzen, aus der Kirche und Theologie immer gelebt haben und kraft derer sie auch wohl nur überleben können." Im Tagungsprogramm wurde die Rede von Gott dann als eine „Zeitbotschaft" vorgestellt und so charakterisiert: „Ist die Zeit- und Notvergessenheit, mit der gegenwärtig selbst Untergänge ästhetisiert und mythisch verzaubert werden, Zeichen einer tiefen ‚Gotteskrise' heute? Diese scheint auch den Menschen zu bedrohen, der gnadenlos seinen Illusionen, Verdrängungen und Kompensationen überlassen bleibt. Darum ist es ebenso notwendig wie provokativ, beim Gott Israels, seinen Geboten und Verheißungen, zu bleiben und daran zu erinnern, daß die Zeit befristet ist, auch die Zeit der

Kirche, und daß der Mensch zur Verantwortung und kritischen Freiheit gedrängt ist, auch kirchlich und theologisch."

Es tut der Rede von Gott gut, die Koordinaten, in denen sie öffentlich funktioniert, zu verändern, Begegnungen zu ermöglichen und das Ganze des theologischen Diskurses mitsamt seinen Tabuzonen, kirchenpolitischen Verwerfungen und Kurzatmigkeiten neu zu sichten. In Ahaus wurde ein erster Schritt hin auf diesen außergewöhnlichen, fundamental theologischen Austausch gemacht. Zudem war dort der Wunsch zu spüren, daß dies nicht das letzte, sondern das erste einer Reihe von Gesprächen auch mit anderen Partnern und unter anderen Bedingungen sein sollte.

Das Echo in den Medien war enorm, bis in die internationale Presse hinein. Daß die Theologische Tagung in Ahaus als „catholic event" auf der anderen Seite des Atlantik vermerkt werden konnte, muß zwar noch nicht für das Symposion selber sprechen, aber doch für die große Ausstrahlung, die ein solcher Versuch der Verständigung über Gräben und Grenzen hinweg besitzt.

Wenn sich die Theologie auch geschmeichelt fühlen kann, einmal in den „Genuß" solch öffentlicher Aufmerksamkeit gekommen zu sein, sie profitiert davon nicht nur. Details werden auf dieser Ebene „öffentlichsten" Interesses nicht unbedingt wahrgenommen, Zwischentöne verwischt, Differenzierungen überhört. Und obwohl zum Teil außerordentlich scharfsichtig und mit genauen Charakterisierungen berichtet worden ist, blieb das Ahauser Treffen vor allem schlagzeilenwirksam: „Das leichenblasse Glück. Kardinal Ratzinger streitet mit dem Theologen Johann Baptist Metz – gegen zuviel Moderne" (DIE ZEIT); „Auschwitz hat die Theologie verändert. Der Zuchtmeister und der Aufrührer geben sich versöhnlich" (SÜDDEUTSCHE ZEITUNG); „In der Nähefalle. Ratzinger gegen Metz: Theologie mit Cocktailglas" (FRANKFURTER ALLGEMEINE ZEITUNG); „Die Freiheit, das Böse und die Rede vom lieben Gott" (DEUTSCHE TAGESPOST); „Leidensgedächtnis oder Heilsmetaphysik?" (NEUE ZÜRCHER ZEITUNG); „Zeit-Reise Theologie" (CHRIST IN DER GEGENGWART); „Peace offering stirs new debate" (NATIONAL CATHOLIC REPORTER).

Angesichts des Medieninteresses, vor allem der Widersprüchlichkeiten, gelegentlichen Verzeichnungen in den Berichten und interessierten Bewertungen, gibt es ein Recht auf die Texte selbst, auf das, was wirklich gesagt worden ist. Deshalb diese Dokumentation.[1] Es wird größte Mühe darauf verwandt, das Symposion als theologisches Diskussionsforum und kirchenpolitisches Experiment nachvollziehbar zu machen. Eröffnung, Referate, Statements und Schlußwort werden ungekürzt, die Diskussionen leicht gestrafft (aber wortgetreu) wiedergegeben. Um Anlage, Abläufe und auch den künstlerischen Rahmen erkennbar zu machen, ist das Gesamtprogramm der Ahauser Tagung am Schluß noch einmal abgedruckt.

Münster und Ahaus, Dezember 1998
Tiemo Rainer Peters, Claus Urban

[1] Im thematischen Umfeld der Ahauser Tagung entsteht gegenwärtig: Jahrbuch Politische Theologie, Bd. 3, Hg. J. Manemann: Befristete Zeit, Münster 1999.

Tiemo Rainer Peters

Wozu treiben wir Theologie?

Eröffnung

Es ist nicht unbedingt akademischer Brauch, wenn Johann Baptist Metz zu seinem hohen und runden Geburtstag zusammen mit Kardinal Joseph Ratzinger in die theologische Arena geschickt wird, statt ihm schulterklopfende Freundlichkeiten und Bestätigungen zuteil werden zu lassen, und wenn man ihn am Nachmittag dazu noch auf ein Podium bittet, das von der Religionsphilosophin Eveline Goodman-Thau und dem Theologen Jürgen Moltmann aus jüdischem bzw. reformatorischem Geist wohl nicht allzu bequem eingerichtet wird, wie wir hoffen.

Die Idee zu dieser konfliktträchtigen Tagung stammt von uns, dem Schüler- und Freundeskreis. Aber im Grunde ist er es selber „schuld". Denn wenn Johann Baptist Metz durch irgend etwas „auffällig" geworden ist, dann dadurch, daß ihm die unvertrauten Konstellationen stets lieber waren als die eingeübten Umgangsformen, und die Divergenzen allemal interessanter als die Gleichklänge. Er hat uns den Reiz des Fremden, Verqueren, Unorthodoxen beigebracht. Die Theologie soll sich einmischen, dort, wo ihre Sache – Gott und der Mensch – wirklich bedroht ist; als Anpassung an das, was gerade modern und modisch ist, egal wo und wie, hat er sie nicht betrieben und nie geschätzt. In diesem Sinne hat er uns gelehrt und uns empfohlen, unbequem zu sein. Deshalb das heutige Symposion zu seinen Ehren, deshalb dieses Thema, deshalb diese Beteiligten.

Die Tagung widersetzt sich den Regeln einer bestimmten theologischen und kirchenpolitischen „correctness". Es ist befremdlich, wenn sich der Protagonist einer neuen Politischen Theologie mit dem einflußreichsten Kritiker seiner Theologie, Kardinal Ratzinger, zusammensetzt, und „Kritiker" ist ein zu schwaches Wort, denkt man an dessen Verhinderung von Metz auf dem fundamentaltheologischen Lehrstuhl in München, 1979. Es ist anstößig, einen überzeugten Anwalt befreiungstheologischen Denkens mit einem mächtigen Gegner dieser Befreiungstheologie zusammenzubringen, und es ist ebenso verwirrend wie verdächtig, in einer Zeit offenkundiger Spannungen zwischen Rom und der Universitätstheologie ausgerechnet den für die Glaubenslehre verantwortlichen Kurienkardinal in das abgelegene Ahaus zu laden und mit ihm akademisch über Gott und Zeit zu diskutieren.

„Ende der Zeit? Die Provokation der Rede von Gott" – ich hoffe, daß man das Thema dieser Tagung am Schluß in seiner Dringlichkeit verstanden haben wird, ich werde jetzt nichts vorwegnehmend erläutern. Nur dies: Es gibt ein Pathos, wenn Sie so wollen, eine Naivität in unserem Konzept; die Ansicht nämlich, daß Theologie möglich ist, und nicht sofort dieser oder jener Weltanschauung, Strategie oder auch Kirchenpolitik parieren muß. Theologie als Chance, Räume zu öffnen, in denen noch das Ganze besprechbar ist, ohne damit Differenzen unwichtig oder undeutlich werden zu lassen. Im Gegenteil, die Unterschiede können in ihren Konturen um so schärfer hervortreten, je genauer Theologie getrieben und also „Gott" gesagt wird. Auch das wissen wir vor allem von Metz.

Wir haben viele junge Theologiestudierende eingeladen, um speziell für sie die Theologie als ein Projekt erlebbar zu machen, in dem Denk- und Begegnungsverbote nicht ausgesprochen werden, sondern umgekehrt alle aufeinander hören. Kurz: Theologie als Bedingung der Möglichkeit befreiender Diskurse. So wächst ja die Chance, daß zusammen mit den vielen unterschiedlichen Stimmen auch diejenige nicht unterdrückt wird, die wir mit Gott in Verbindung bringen. Wozu sonst treiben wir Theologie? – Herr Kardinal Ratzinger, Sie haben das erste Wort.

Joseph Kardinal Ratzinger

Das Ende der Zeit

In seinen Tagebuchnotizen hat Romano Guardini eine kleine Begegnung festgehalten, die auf den ersten Blick völlig bedeutungslos erscheinen muß, für ihn, den alternden Menschen, aber mitten in die Problematik seiner Lebensstunde hineintraf. Ein Bub begegnet ihm im Englischen Garten und fragt ihn: Wie spät ist es? Er will die Tagesstunde wissen, die die Uhr anzeigt. Aber Guardini sinniert: Ja, wie spät ist es? Wie spät ist meine Lebensstunde geworden?[1]

In der harmlosen Frage des Jungen und in der nachdenklichen Melancholie des Alten treffen zwei Begriffe von Zeit aufeinander, zwei Dimensionen des Phänomens Zeit berühren sich. Da geht es zunächst um die Uhrzeit, die wiederum die kosmische Zeit abbildet und einfängt und vom Lauf der Erde, vom Stand der Sonne abgelesen wird. Aber Guardini denkt an die Uhr seines Lebens, das seine eigene Sternbahn hat, seine eigene Zeit, in der es spät geworden ist und sich das Ende ankündigt. Man darf wohl annehmen, daß ihm, der über die Neuzeit und ihr Ende, über die späte Geschichtsstunde Europas und der Welt überhaupt nachdachte, dabei auch die Frage nach der Stunde der Geschichte im Sinne stand. So wird an dieser ganz alltäglichen Begebenheit etwas von der Komplexität des Phänomens Zeit sichtbar: Es gibt nicht einfach „die Zeit", es gibt ganz unterschiedliche Dimensionen von Zeit, die wohl aufeinander bezogen, ineinander verwoben, aber doch auch deutlich voneinander geschieden sind.

Wer nach dem Ende der Zeit fragen will, muß also zuerst einmal fragen: Was ist das überhaupt, die Zeit? Dies gründlich zu bedenken würde freilich einen eigenen Traktat verlangen, den ich hier nicht versuchen kann. Aber wenigstens müssen kurz die wesent-

[1] R. Guardini: Stationen und Rückblicke / Berichte über mein Leben, Mainz / Paderborn 1995, 209.

lichen Ebenen von Zeit notiert werden, die im Bedenken unserer kleinen Geschichte schon andeutungsweise erkennbar geworden sind. Da ist zuerst die *kosmische Zeit,* der Rhythmus des Umlaufs der Gestirne, der sich bei uns im Phänomen von Tag und Nacht wie im Phänomen der Jahreszeiten spiegelt und aus dem die Meßeinheit unserer Uhr genommen wird. Dabei stehen für uns Erdenbewohner wieder zwei unterschiedliche Meßeinheiten zur Verfügung: die lunare und die solare Zeit. Daß beides wieder hineinzudenken ist in die vielfältigen Umlaufbahnen des Kosmos, in ein Bewegungssystem ohne festen Bezugspunkt, also in ein Relativitätssystem, zeigt die Grenze unseres Horizonts und eine Art von geozentrischer Weltsicht an, die in unserem Zeitverständnis notwendigerweise trotz der Ausweitung unseres Blickfelds stehengeblieben ist.

Von dieser kosmischen Zeit, die wir wohl besser Gestirnzeit nennen würden, könnten wir die Zeit der Pflanzen und der Tiere unterscheiden, was wir hier aber ausklammern müssen. Wohl aber haben wir an die eigene *Zeit des Menschen* zu denken. Zunächst an die individuelle Zeit mit ihrem Bogen von der Geburt bis zum Tod, für die es in der altlateinischen Fassung von Psalm 30, 16 ein wunderschönes Bild gibt: „In manibus tuis tempora mea" - „In deinen Händen sind meine Zeiten". Man könnte aber auch übersetzen: „In deinen Händen sind meine Schläfen". „Du hast meine Schläfen in der Hand". Der Pulsschlag des Menschen wird so als Rhythmus seiner Zeit angesehen, die wiederum von den Händen Gottes umschlossen ist.

Diese individuelle Zeit ist eingefügt in die *Geschichtszeit*, aber Geschichtszeit stellt sich erneut auf verschiedenen Ebenen dar. Es gibt die Teilgeschichten, die Geschichte eines Volkes, eines Kulturkreises, die wie die Geschichte individuellen Lebens ist, den Bogen vom Aufstieg bis zum Ende umfaßt. Daß es hier „Ende" der Zeit gibt, ist unstrittig, wie es für den einzelnen Menschen unstrittig ist. Aber hat auch die Menschengeschichte als ganze ein Ende? Ist der Bogen des einzelnen Lebens und der einzelnen Geschichtskreise auch ein Bild für die Geschichte im ganzen? Hat auch sie ihre Sternbahn, die notwendigerweise an ein Ende führt, oder werden sich immer

neue Kreise eröffnen? Und wie wäre ein Ende zu denken? Einfach als Erlöschen, als Scheitern, als Untergang, als Tod – parallel zum Tod des Individuums, zum Erlöschen von Kulturkreisen?
Oder legt uns nicht gerade der Kreis des einzelnen Lebens wie der Teilgeschichten einen anderen Gedanken nahe? Jedes einzelne Leben wirkt auf seine Weise weiter ins Ganze der kommenden Geschichte hinein, wie es vom Leben der Vorfahren bestimmt ist; die untergehenden Kulturen bleiben doch Kräfte im weitergehenden Gang der Geschichte. Ist das Ende der Zeit, der Gesamtgeschichte, nur Aufhören, oder gibt es auch da eine Weise des Bleibens – vielleicht ein Gericht, eine Scheidung zwischen dem Guten und dem Bösen in ihr?
Das sind die Fragen, die sich einfach beim Nennen der verschiedenen Ebenen von Zeit aufdrängen, die wir aber zurückstellen müssen, um Ordnung in die Probleme zu bringen. Zunächst werden wir die Frage bedenken müssen, ob und wie die einzelnen Schichten von Zeit aufeinander bezogen sind. Es ist klar, daß der Mensch in den Kosmos verwoben ist, auf ihn bezogen, aber ist auch der Kosmos auf den Menschen hingeordnet, oder ist es für die unermeßliche Welt der Gestirne völlig gleichgültig, ob sich da irgendwo auf einem Planeten Leben gebildet hat und intelligente Wesen bestehen? Ist der Kosmos neutral dem Menschen gegenüber und daher auch sein Anfang und sein eventuelles Ende ein letztlich bedeutungsloses Randphänomen, das ebenso bestehen wie nicht bestehen kann?
Betrifft das Ende der Zeit also nur den Menschen und nicht die Welt? Und wenn es so sein sollte: Ist der Mensch letztlich nur ein kosmisches Phänomen, oder hat er doch seine eigene Bedeutung? Kann es gegenüber der Kosmozentrik eine begründete Anthropozentrik geben? Die Frage nach dem Verhältnis der Ebenen von Zeit trägt so die Frage in sich, was Ende der Zeit bedeuten und was es nicht bedeuten kann. Die beiden an sich verschiedenen Fragen nach der Zuordnung der verschiedenen Zeiten zueinander und nach Anfang und Ende lassen sich letztlich nicht voneinander trennen und müssen so zwar immer auseinandergehalten, aber doch auch immer miteinander behandelt werden. Ich möchte im

folgenden die vier Lösungstypen, die ich in der Geistesgeschichte erkennen kann, nebeneinanderstellen und zugleich aufeinander beziehen, um aus ihrer gegenseitigen Kritik einen Blick auf die Sache selbst zu gewinnen, die uns angeht.

Zur aristotelischen Sicht der Zeit – zugleich eine theologische Variation zu Aristoteles

Aristoteles hat ein kosmozentrisch orientiertes Weltbild gezeichnet, das durch die Klarheit seiner Logik und die Geschlossenheit seiner Vision beeindruckend bleibt. Dieses Weltbild ist bestimmt durch die Zuordnung von Zeit und Nichtzeit. Der Kosmos selbst ist immerwährende Kreisbewegung, die weder Anfang noch Ende hat. Aber diese Bewegung braucht sozusagen ihren Motor, eine Kraft, die wie sie selbst unendlich sein muß, aber nicht noch einmal Bewegung sein kann. Das unbewegt Bewegende ist die ständige Energie des Alls. Weil es unbewegt ist, steht es außerhalb der Zeit, denn Zeit beruht auf Bewegung. Das schlechthin Unbewegte, Unveränderliche, Ewige ist demnach radikal als Nichtzeit zu charakterisieren. Zeit ist festgemacht an der Ewigkeit, an der Nichtzeit.
Die Zeit hängt an dem, was Nichtzeit ist, bezieht von dort ihre Energie, aber die Ewigkeit bezieht sich nicht auf die Zeit, sondern steht rein in sich selbst. Denn sonst würde sie ja selbst Bewegung, würde sie selbst relativ und könnte das Relative nicht mehr tragen. Das Bedingte postuliert das Unbedingte. Weil aber dieses Bewegungslose seinem Wesen nach ohne Anfang und Ende ist, darum kann auch die Zeit ohne Anfang und Ende immer sein; ihre Zeitlichkeit beruht nicht auf Anfangen und Aufhören, sondern auf der Beständigkeit des Sich-Bewegens. Zeit ist reine Bewegung und durch Bewegung definiert, wie Ewigkeit durch Nichtbewegung, durch die reine Einfachheit des Seins definiert ist.[2]
Der Gedanke, daß Ewigkeit Nichtzeit sei und daß damit das Wesen Gottes beschrieben werde, hat auch das christliche Denken weit-

[2] Vgl. z. B. D. J. Allan: Die Philosophie des Aristoteles, Hamburg 1955, bes. 49-55.

hin bestimmt. Thomas von Aquin hat von da aus gelehrt, daß ein Kosmos ohne Anfang und Ende grundsätzlich mit dem christlichen Glauben vereinbar wäre; nur durch spezifische Offenbarung wisse man, daß die Welt als Schöpfung einen Anfang und als Geschichte ein Ende habe. Aber auf philosophischem Weg sei dies nicht zu erkennen und kein in sich mit dem Gottesglauben notwendig verknüpfter Gedanke.[3]

In unserer Zeit hat es über diese durchaus schlüssige aristotelisch-christliche Konzeption des heiligen Thomas hinaus eine merkwürdige Weiterführung des Gedankens von Ewigkeit als Nichtzeit gegeben, die für unsere Frage bedeutsam ist. In einem breiten Strom von Theologie wird die Meinung vertreten, daß Zeitlichkeit an Leiblichkeit gebunden und daß daher das Heraustreten des Menschen aus dem Leib im Tod zugleich sein Heraustreten aus der Zeit in die Nichtzeit bedeute – ein Gedanke, der natürlich im aristotelischen System nicht auftreten konnte. Wer also die physikalisch-biologisch bestimmte Leiblichkeit verlasse, könne nicht in eine Zwischenphase der Erwartung des Endes der Zeit eintreten. Er befinde sich ja gänzlich außerhalb der Zeit in der Ewigkeit, die Nichtzeit sei. Er stehe jenseits der Zeit. Da könnten das Gericht und das Ende der Zeit nicht als noch bevorstehend gedacht werden, weil dies ja bedeuten würde, dort wieder Zeitelemente einzuführen, wo es keine Zeit gibt. Dort stehend, wo Gott ist, in der Nichtzeit der Ewigkeit, sei man in der schon vollendeten Auferstehungswelt, jenseits der Geschichte angelangt, weil ja bei Gott als dem ganz Unzeitlichen alles je schon vollendet und das innerhalb der Zeit noch Bevorstehende dort schon immerwährende Gegenwart sei. So könne Geschichte als Zeit ruhig endlos weitergehen, während sie auf der anderen Seite doch je schon vollendet sei. Die Leiden, die auf der einen Seite erlitten werden, seien auf der anderen Seite im endgültigen Sieg Gottes immer schon überwunden.[4]

[3] Vgl. M. Seckler: Was heißt eigentlich „Schöpfung"? Zugleich ein Beitrag zum Dialog zwischen Theologie und Naturwissenschaften, in: ThQ 177 (1977) 161-188, bes. 179ff.

[4] Vgl. J. Ratzinger: Eschatologie – Tod und ewiges Leben, Regensburg [6]1990, bes. 95f. Inzwischen hat freilich G. Greshake, der mit seinem Buch „Auferstehung der Toten" (Essen 1969) diese Positionen nachdrücklich formuliert hatte, den Begriff

Die Identifizierung von Ewigkeit mit Nichtzeit und die Einebnung alles Nicht-Physikalischen in die Nichtzeit bringt hier einen Dualismus zweier Welten hervor, in dem die Geschichte, wie mir scheint, jeden Ernst verliert. Während wir glauben, uns in ihr abzumühen, ist sie dort je schon vorbei. Das Ende der Geschichte ist keine Sache der Geschichte selbst, sondern es steht dort, wo es ohnedies keine Geschichte gibt.

Ich muß gestehen, daß mir dieser Dualismus unverständlich bleibt, so breit er heute mit der Rede von der Auferstehung im Tode rezipiert ist, die ja eben diesen Gedanken des Todes als Heraustreten aus der Zeit dorthin voraussetzt, wo alles, was uns als Zukunft erscheint, schon nicht-zeitliche Gegenwart ist. Eines freilich wird deutlich sichtbar: Zur Klärung des Begriffes von *Zeit* ist auch die Erklärung des Begriffs *Ewigkeit* notwendig wie die Unterscheidung der Ebenen von Zeit. Zeit ist nicht nur ein physikalisches Phänomen. Die Existenz von Zeit hängt nicht nur an der Bewegung der Gestirne, es gibt auch Bewegung im Bereich des Herzens, des Geistes. Und von da aus muß gefragt werden, ob Gottes Verhältnis zur Welt und zur Zeit einfach mit dem Begriff der Nichtzeit angemessen beschrieben werden kann.

Was im kosmischen System des Aristoteles vollkommen logisch und korrekt ist, wird widersprüchlich, wenn man es mit dem christlichen Gottesbegriff verbindet, mit dem Gott, der Geschichte stiftet, einen Bund eingeht und dies bis zu dem Punkt, daß er selbst ein Mensch wird. Natürlich kann Gott nicht einfach die gleiche Weise von Zeitlichkeit zugeschrieben werden wie dem in den Kosmos verwobenen Menschen und auch nicht wie dem etwa aus der Leiblichkeit im Sterben herausgetretenen Menschen. Wenn ich da einem christlichen Aristotelismus widerspreche, so widerspreche ich auch Oscar Cullmann, der in verständlicher Reaktion auf Aristotelismus und Platonismus meinte, in der Bibel gehöre auch

„Auferstehung im Tod" so modifiziert, daß dem hier angesprochenen Problem Rechnung getragen ist, wenn er z.B. sagt: „Deshalb ist auch die letzte Vollendung des einzelnen nur möglich in der Vollendung des Ganzen und die Redeweise von einer Auferstehung am Jüngsten Tag erweist sich als absolut sinnvoll und notwendig. Dies will auch der Begriff einer Auferstehung im Tod nicht bestreiten ...": LThK[3], I 1204f.

Gott der Zeit zu, und nun alles gleichermaßen Zeit und Geschichte nennt.[5] Treffender scheint mir schon der Vorschlag von Emil Brunner zu sein, Gottes Ewigkeit vom christlichen Gottesbild her nicht als Zeitlosigkeit, sondern als Zeitmächtigkeit zu definieren.[6]
Der Gott der Bibel ist keine in sich ruhende Kraft, die die Welt in Bewegung hält, ohne sie selbst zu berühren. Wenn Dante Gott den „amor“ nennt – „che muove il sole e le altre stelle“ (Paradiso 33, 144) –, dann klingt zwar deutlich die aristotelische Vision nach, aber mit dem Begriff amor ist doch etwas Neues gesagt: die Idee der *Beziehung*, die den anderen in sich aufnimmt und sich aufnehmen läßt in ihn. Das Bild von den Händen, die die Zeit umfangen und ihr so gleichzeitig werden, scheint mir am ehesten eine Vorstellung von der Zeitbeziehung und Zeitüberlegenheit Gottes zugleich zu geben. Zu lange sind wir hier im aristotelischen Begriffsgefüge geblieben.
Das Wesen von Ewigkeit aus den Erkenntnissen und Erfahrungen des christlichen Glaubens heraus neu zu denken, scheint mir eine noch weithin offene Aufgabe zu sein. Wenn man sich darauf einläßt, dann löst sich die strenge Kosmozentrik der aristotelischen Sicht von selber auf, weil dann nicht mehr nur das Phänomen der physikalischen Bewegung zählt, sondern auch die Bewegung des Geistes, und so die Geschichte, der Mensch, einen eigenen Stellenwert erhält.

Zeit aus naturwissenschaftlicher Perspektive

Wer von „Ende der Zeit“ spricht, mag anthropozentrisch denken, er kann doch den Blick auf den Kosmos nicht auslassen, der ein wesentlich zeitstiftendes Element für den Menschen ist.[7] So muß

[5] Vgl. O. Cullmann: Christus und die Zeit. Die urchristliche Zeit- und Geschichtsauffassung, Zollikon-Zürich 1948 u.ö., bes. 52–59.

[6] Vgl. E. Brunner: Die christliche Lehre von Gott, Dogmatik I, Zürich/Stuttgart 1960, 272–288.

[7] Vgl. zu den hier angesprochenen Fragen z.B.: Christlicher Glaube in moderner Gesellschaft, Teilband 3 mit Beiträgen von K. Rawer, K. Rahner, St.N. Boeshard, B. Hassenstein, K. Meyer-Abich, Freiburg [7]1989; R. J. Russel / W. R. Stoeger / G. V. Coyne (Hg.): Physics, Philosophy, and Theology, Vatican City State 1988.

ein Blick auch auf die Aussage der Naturwissenschaften fallen. Mir scheint, daß der Naturwissenschaft an sich das Modell eines Kosmos ohne Anfang und Ende naheläge. Die evolutionäre Weltsicht steht dem freilich entgegen, so daß ein Anfang, in welcher Form auch immer, angenommen werden muß. Der Entropiesatz läßt an eine Art von naturgesetzlichem Zugehen auf einen Endzustand, eine Art von Ende der Zeit denken, wieviel im einzelnen darüber auch diskutiert werden kann. Anfang und Ende sind in solcher Sicht rein kosmische Phänomene; allenfalls könnte der menschliche Verbrauch der Welt das Eintreten der Entropie, die Bewegungslosigkeit im makroskopischen Bereich und so eine Art von kosmologischem Ende von Zeit beschleunigen.
Seit der Mensch zu den Wurzeln der kosmischen Energie vorgedrungen ist, Kernexplosionen und Kernfusionen in Gang bringen kann, in der DNA auch den Schlüssel zum Lebendigen in Händen zu halten scheint, nehmen diese kosmischen Visionen anthropologische Züge an: Der Mensch selbst könnte das Ende der Zeit, eine Katastrophe kosmischen Ausmaßes, herbeiführen. Der menschliche Geist, dieses seltsame Produkt der Entwicklung, wäre dann die zerstörerische Macht, die zwar nicht den Kosmos, aber die Evolution des Lebendigen wieder auszulöschen und zu zerstören vermöchte. Es würde sich um eine Art von Selbstzerstörung der Evolution handeln, die dabei im ganzen als ein letztlich zufälliges Gebilde erscheint, das sich mit einer gewissen Notwendigkeit auch wieder aufhebt und am Ende nur ein paar Brandmale als Erinnerungszeichen dieses Prozesses zurückläßt. Der Mensch mit seiner Zerstörungsmacht ist dann im Grunde doch auch nur ein Naturprodukt, ein Irrtum der Entwicklung, durch den sie an ein Ende kommt. Die Zeit des Menschen gliche eher Saturn, der seine eigenen Kinder verschlingt.
Solche beunruhigenden Visionen, die aus einer ganz naturalistischen Sicht des Seins aufsteigen, kann man vielleicht nicht streng rational widerlegen. Oder ist der Schrei des Widerspruchs, des Protestes gegen die Sinnlosigkeit, in der Leid nun einmal naturnotwendig und Gerechtigkeit ein sinnloser Begriff wäre, nicht doch selbst eine Realität, die uns verbietet, bei solchen Visionen haltzumachen?

Der Fortschrittsglaube

Bis zum Auftauchen der Katastrophenvisionen seit dem Schrecken der Bomben von Hiroshima und Nagasaki war das herrschende Modell ein anderes: der Fortschritt bis „ins Unendliche", wie Kant formuliert hat.[8] Ich denke, daß im gegenwärtigen Bewußtsein gleichzeitig mit der Urangst vor der Katastrophe die Idee des Fortschritts nach wie vor das beherrschende Geschichtsschema ist. Man ist sich sicher, daß das Mittelalter finster war; man weiß, daß sich mit der Aufklärung eine wachsende Freiheit und Befreiung für den Menschen entwickelt haben. Man erlebt Tag um Tag den technischen Fortschritt, und auch wer seine Bedrohungen sieht, sieht eben doch die wachsenden Möglichkeiten, die er dem Menschen gewährt. Das alles verbindet sich mit der Vorstellung vom evolutionären Weltall, so daß der aufsteigende Naturprozeß und die fortschreitende Entwicklung des menschlichen Geistes zusammen trotz aller Rückschläge und Bedrohungen Fortschritt dennoch als Grundgesetz der Wirklichkeit zu garantieren scheinen.
Man kann wohl sagen, daß sowohl das liberale wie das marxistische Weltbild als die beiden großen philosophischen Gestaltungen des modernen Bewußtseins letztlich von der Fortschrittsidee geprägt sind, die sie freilich mit einem merkwürdigen eschatologischen Bewußtsein verbinden: Es müsse sich in der Dialektik der menschlichen Geschichte schließlich doch einmal der vollkommene Zustand der Gesellschaft herausbilden, in dem Natur und Freiheit ganz versöhnt sind, die Freiheit gleichsam zum Naturzustand des Menschen geworden sein wird und damit auch die moralische Höhe und das erfüllte Leben allgemein würden. An ein Ende der Zeit braucht man hier nicht zu denken.
Freilich bedeutet die Vorstellung der vollendeten Freiheit, der perfekten Gesellschaft nun doch irgendwie so etwas wie eine *Erfüllung der Zeit*, denn dann ist ja das Ziel der geschichtlichen Bewegung erreicht, das keine weitere geschichtliche Entwicklung mehr

[8] Vorlesungen über Metaphysik 28/1, 446f; vgl. den wichtigen Artikel „Fortschritt" von J. Ritter, in: J. Ritter (Hg.): Historisches Wörterbuch der Philosophie II, 1032-1059, hierzu 1048.

sinnvoll erscheinen läßt. Das scheint mir grundsätzlich gleichermaßen für die Geschichtsvision von Hegel wie von Marx zu gelten. Dann aber erhebt sich die Frage: Was ist das denn eigentlich für eine Zeit? Und welche Freiheit ist es, die nicht mehr zu Fall kommt, sondern von Generation zu Generation im Erreichten stehenbleibt? Unweigerlich steigt da auch die Frage auf, die Adorno deutlich gestellt hat: Was für eine Versöhnung ist das, die nur den Zukünftigen gilt? Wie steht es mit uns? Wie mit den Opfern der Ungerechtigkeit die ganze Geschichte hindurch?

Diese Fragen gelten auch gegenüber der christlichen Variante des Fortschrittsglaubens, die Teilhard de Chardin entwickelt hat.[9] Er hat den Kosmos als einen Prozeß des Aufstiegs, als einen Weg der Vereinigungen beschrieben. Vom ganz Einfachen führe dieser Weg zu immer größeren und komplexeren Einheiten, in denen Vielfalt nicht aufgehoben, aber in eine wachsende Synthese hinein verschmolzen werde, hin zur Noosphäre, in der der Geist und sein Verstehen das Ganze umgreifen, alles zu einer Art von lebendigem Organismus verschmilzt. Vom Epheser- und Kolosserbrief her betrachtet Teilhard Christus als jene zur Noosphäre treibende Energie, die schließlich alles in ihrer Fülle einbegreift.

Dieser beeindruckenden Vision, in der die Eucharistie als Antizipation der Verwandlung der Materie und ihrer Vergöttlichung, als Richtungspfeil der kosmischen Bewegung erscheint, stellen sich freilich alle Fragen entgegen, die allgemein an die Fortschrittsidee zu richten sind. Für Teilhard sind die grausamen Aspekte der Evolution und so schließlich auch alle Grausamkeiten der Geschichte unvermeidbare Unfälle im Prozeß des Aufstiegs zur endgültigen Synthese. Das Experiment, in dem sozusagen die Natur ihren Weg sucht, kommt nun einmal nicht ohne Fehlschläge aus, die schließlich der unausweichliche Preis des Aufstiegs wären. So erscheint schließlich der Mensch in seinem Leiden als Experimentiermaterial der Evolution; die Ungerechtigkeiten der Welt als Unfälle, die man auf einem solchen Weg in Kauf nehmen muß. Der Mensch wird dem kosmischen Prozeß untergeordnet; die uralte Frage des

[9] Vgl. N. M. Wildiers: Teilhard de Chardin, in: LThK^2, IX, 1341f.

Psalms an Gott gewinnt aber gerade so eine neue Dringlichkeit: „Was ist der Mensch, o Gott, daß du sein gedenkst?" (Ps 8,5)
Oder müssen wir unser Wissen um die Direktheit eines jeden Menschen zu Gott als Hochmut ablegen und uns der Majestät des Kosmos, der Gottheit Evolution beugen? Oder gibt es den Gott, der größer ist als der Kosmos und vor dem ein einziger Mensch mehr ist als das ganze schweigende Universum? Ersichtlicherweise treibt hier alles auf die Gottesfrage zu; die Frage nach der Zeit, ihrer Unendlichkeit und ihrem Ende verschmilzt mit der Frage nach Gott.

Hier, in der Nähe von Münster, scheint mir an dieser Stelle ein kleiner Exkurs angebracht, eine kurze Erinnerung an Josef Pieper, den das Thema „Ende der Zeit" seit den Kriegsjahren verfolgte, als er 1943 danach forschte, was Thomas von Aquin über den Antichrist sagte. Für das Wintersemester 1948/49 kündigte er dann eine Vorlesung an: „Das Ende der Zeit in der Geschichtsphilosophie" und erntete dafür die kritische Verwunderung seines Kollegen Heinrich Scholz wie das erschrockene Erstaunen des Rektors Friedrich Meinecke.[10] Zum Zusammenstoß mit Teilhard de Chardin kam es, als Pieper 1951 in Paris über „Die Hoffnung der Märtyrer" sprach. Seine These war, von Hoffnung solle man lieber gar nicht reden, „wenn es keine Hoffnung gebe für den, der sich um der Wahrheit und der Gerechtigkeit willen totschlagen läßt und sich jedenfalls – eingesperrt, allein gelassen, verächtlich gemacht und vor allem verstummt – in einer ‚hoffnungslosen' Lage befindet."[11]

Erst fünf Jahre nach dem Tod Teilhards lernte Pieper einen Brief kennen, den der französische Jesuit „mit spontaner Heftigkeit" aus dem Augenblick heraus nach dem Vortrag, in dem er gesessen war, niedergeschrieben hatte. Pieper hatte in seinem Vortrag gesagt, es stehe nirgends geschrieben, „daß die Menschengeschichte, innerzeitlich betrachtet, einfachhin mit dem Sieg der Vernunft oder der Gerechtigkeit zu Ende gehen werde".[12] Teilhard nennt in seinem

[10] J. Pieper: Noch nicht aller Tage Abend. Autobiographische Aufzeichnungen 1945–1964, München 1979, 56f.

[11] J. Pieper: a.a.O. 112.

[12] J. Pieper: a.a.O. 112f.

Brief diesen Frageansatz „defätistisch“: Entscheidend sei doch etwas völlig anderes, „nämlich die Zukunftskraft der ‚biokosmisch‘ auf ihr evolutives Potential hin angesehen noch ‚jungen‘ Menschheit“. Pieper kritisiert in seinen Erinnerungen diese Vermengung von Evolution und Geschichte: Von Blutzeugnis – so bemerkt er dazu – kann sinnvollerweise nur „im Feld der Geschichte die Rede sein, während die Evolution keine Märtyrer kennt“.[13]

Das klassisch-theologische Modell

Dieser Zusammenstoß von evolutionärem und geschichtlichem Denken lädt von selber dazu ein, nun das Bild von Geschichte und Zeit kurz zu bedenken, das sich im Hauptstrang der christlichen Überlieferung herausgebildet hat. Es ist heute üblich, das christliche Zeitverständnis als linear dem zyklischen Zeitverständnis der antiken Philosophie gegenüberzustellen. Von der mittelalterlichen Theologie her und wohl auch von den Vätern aus kann man eine so schematische Abgrenzung nicht erkennen. Denn die mittelalterliche Theologie hat das aus der Antike überkommene Geschichtsschema übernommen, das die Zeit der Schöpfung mit den beiden Richtungselementen *„exitus“ – „reditus“*, „Auskehr“ und „Einkehr“, charakterisiert und also an eine Art von Kreisbewegung denkt.

Thomas von Aquin zum Beispiel sagt darüber, daß „die Kreisbewegung von allen Bewegungen die vollkommenste ist, da in ihr eine Rückkehr zum Ursprung stattfindet. Soll das Universum seine letzte Vollendung erreichen, dann müssen die Geschöpfe zu ihrem Ursprung zurückkehren.“[14] Er bringt das auf beeindruckende Weise mit dem Glauben an die Menschwerdung des Gottessohnes in Jesus Christus in Verbindung, in der er sozusagen die Kehre in der Kreisbewegung der Geschichte und des Kosmos sieht: „Durch das Bild der Rückkehr der Flüsse wird das Geheimnis der Menschwer-

[13] J. Pieper: a.a.O. 113.

[14] Thomas von Aquin: Summa contra gentiles II, 26; vgl. J.-P. Torell: Meister Thomas. Leben und Werk des Thomas von Aquin, Freiburg 1995, 171.

dung versinnbildlicht ... Die Flüsse sind die natürlichen Güter, die Gott den Geschöpfen einflößt ... Der Ort aber, wo die Flüsse entspringen, ist Gott selbst ... Der Mensch ist gleichsam wie der Horizont und die Grenze der geistigen und körperlichen Natur und er ist wie die Mitte zwischen beiden ... Aus diesem Grund kehren alle Flüsse der natürlichen Güter zu ihrem Ursprung zurück, wenn durch das Geheimnis der Menschwerdung die menschliche Natur Gott vereinigt wird.[15]

Thomas hat mit dem Bild der Geschichte als eines Kreises von Ursprung zu Heimkehr, dessen Kehre in der Menschwerdung Gottes liegt, sozusagen ein menschheitliches Paradigma aufgenommen und verchristlicht.[16] Bei ihm wie bei den mittelalterlichen Denkern überhaupt erscheint die ganze Geschichte des Kosmos und der Menschheit als eine große Kreisbewegung, wobei es insofern eine theologische Anthropozentrik – ganz wörtlich genommen – gibt, als der Mensch, dem Gott sich vereinigt, die Mitte der Bewegung ist und sie durch ihn an ihr Ziel kommt. In den Naturreligionen und in vielen nichtchristlichen Philosophien erscheinen Kosmos und Geschichte als eine immer neu sich wiederholende Bewegung.

Der Gegensatz zwischen diesen beiden Sichtweisen ist, bei Licht betrachtet, nicht so ausschließend, wie es beim ersten Zusehen erscheinen mag. Denn auch für die christliche Ansicht der Welt sind in dem einen großen Kreis der Geschichte, die von exitus zu reditus geht, die vielen kleinen Kreise des individuellen Lebens eingeschrieben, die alle den großen Rhythmus des Ganzen in sich tragen, ihn je neu verwirklichen und ihm so überhaupt die Kraft seiner Bewegung geben. Und es sind in den großen einzigen Kreis auch die vielen Lebenskreise der verschiedenen Kulturen und Geschichtsgemeinschaften eingeschrieben, in denen sich immer

15 Thomas v. Aquin: Liber Sententiarum III, Prolog. Zur Position Bonaventuras in dieser Frage: J. Ratzinger: Die Geschichtstheologie des heiligen Bonaventura, St. Ottilien [2]1992, 140-148; zu Thomas: M. Seckler: Das Heil in der Geschichte, München 1964, 151-182.

16 Die folgenden Überlegungen sind zu einem großen Teil meinem in Arbeit befindlichen Buch „Einführung in den Geist der Liturgie" entnommen, auf das ich hiermit verweisen darf.

neu das Drama von Anfang, Aufstieg und Ende abspielt: In ihnen wiederholt sich immer wieder das Mysterium des Beginns; in ihnen trägt sich aber auch immer wieder Ende der Zeit und Untergang zu, der auf seine Weise neuem Anfang den Boden bereiten kann. Die Summe der Kreise spiegelt den großen Kreis, alle diese Kreise sind aufeinander verwiesen und greifen ineinander.

Wichtig ist eine andere Alternative, die sich so erst im Gegenüber zwischen christlichem Glauben und nichtchristlicher Philosophie ausgebildet hat. Bei Plotin etwa, und dann ganz verwandt in den gnostischen Philosophien, erscheint der exitus, kraft dessen es überhaupt nichtgöttliches Sein gibt, nicht als Ausgang, sondern als *Fall*, als Absturz aus der Höhe des Göttlichen, der den Fallgesetzen entsprechend in immer größere Tiefen, in immer weitere Entfernung vom Göttlichen hinuntertreibt. Das bedeutet: Das nichtgöttliche Sein ist selbst und als solches gefallenes Sein; die Endlichkeit ist selbst schon eine Art Sünde, das Negative, das geheilt werden muß durch die Rückholung ins Unendliche. Die Heimkehr - der reditus - besteht dann eben darin, daß in der letzten Tiefe der Sturz abgefangen wird, daß nun der Pfeil nach oben weist. Am Ende löst sich die „Sünde" des Endlichen, des Nicht-Gott-Seins auf, und in diesem Sinne wird „Gott alles in allem".

Der Weg des reditus bedeutet Erlösung, und Erlösung bedeutet Befreiung von der Endlichkeit, die als solche die eigentliche Last unseres Seins ist. Das Aufschauen zum Göttlichen wird zum Innewerden des Sturzes, ist gleichsam der Augenblick der Reue des verlorenen Sohnes, die neue Zuwendung zum Ursprung hin. Weil nach diesen Philosophien Erkenntnis und Sein ineinanderfallen, ist der neue Blick auf den Anfang zugleich auch schon neuer Aufstieg dorthin. Kult als Aufschauen zu dem, was vor allem Sein und über allem Sein ist, ist seinem Wesen nach Erkenntnis und als Erkenntnis Bewegung, Heimkehr, Erlösung.

Die Faszination solcher Anschauungen ist groß, und sie scheinen so leicht mit der christlichen Botschaft identifizierbar. Die „Erbsünde" zum Beispiel, sonst so schwer verstehbar, wird mit dem Sturz ins Endliche selbst identisch, und es wird so auch klar, daß sie allen anhaftet, die im Kreislauf der Endlichkeit stecken. Erlösung als Befreiung aus der Last der Endlichkeit wird einsichtig usw. Für unsere Frage ist wichtig, daß in solcher Sicht die Zeit mit der Endlichkeit zusammengehört, wie sie ein Produkt des Falls ist und im neuen Aufstieg zurückgenommen wird. Gleichzeitig freilich bleibt die endliche Zeit der fortwährende Absturz und wird so für die, die nicht aufsteigen, zum leeren und endlosen Kreislauf.

Das christliche Denken hat demgegenüber im Kreis von exitus und reditus zwei Bewegungen nachdrücklich voneinander unterschieden. Exitus ist nicht zunächst Abfall aus dem Unendlichen, die Entzweiung des Seins und damit die Ursache allen Elends der Welt, sondern exitus ist vorab etwas durchaus Positives: der freie Schöpfungsakt Gottes, der positiv will, daß es das Geschaffene als etwas Gutes ihm gegenüber gebe, aus dem eine Antwort der Freiheit und der Liebe zu ihm zurückkommen kann. Nichtgöttliches Sein ist daher nicht in sich schon etwas Negatives, sondern ganz im Gegenteil positive Frucht eines göttlichen Wollens. Es beruht nicht auf einem Sturz, sondern auf einer Setzung Gottes, die gut ist und Gutes schafft. Der Seinsakt Gottes, der geschaffenes Sein bewirkt, ist ein *Freiheitsakt*. Insofern ist im Sein selbst von seinem Grund her das Prinzip Freiheit anwesend.

Der exitus oder besser: der freie Schöpfungsakt Gottes zielt in der Tat auf reditus, aber damit ist nun nicht die Rücknahme des geschaffenen Seins gemeint, sondern: daß das Zu-sich-Kommen des in sich selbst stehenden Geschöpfs in Freiheit auf Gottes Liebe antwortet, Schöpfung als sein Liebesgebot annimmt, und daß so ein Dialog der Liebe entsteht, jene ganz neue Einheit, die allein die Liebe schaffen kann. In ihr wird das Sein des anderen nicht absorbiert, nicht aufgelöst, sondern gerade im Sich-Geben wird er ganz es selber. Es entsteht Einheit, die höher ist als die Einheit des nicht mehr teilbaren Elementarteilchens. Dieser reditus ist „Heimkehr“, aber er löst die Schöpfung nicht auf, sondern gibt ihr vollends ihre Endgültigkeit. Das ist die christliche Idee des „Gott alles in allem“.

Aber das Ganze ist eben an Freiheit geknüpft, und die Freiheit des Geschöpfes ist es nun, die den positiven exitus der Erschaffung umbiegt, ja gleichsam umbricht in den Fall, in das Nicht-abhängig-sein-Wollen, in das Nein zum reditus. Liebe wird jetzt als Abhängigkeit verstanden und abgelehnt; an ihre Stelle treten *Autonomie* und Autarkie: nur aus sich und in sich selber zu sein, aus Eigenem ein Gott zu sein. So bricht der Bogen von exitus zu reditus auseinander. Einkehr wird nicht mehr gewollt, und der Aufstieg aus eigener Kraft erweist sich als unmöglich. Darum muß nun der Prozeß der Rückkehr durch eine Kraft der Heilung in Gang gebracht werden, durch eine liebende Umwandlung der gebrochenen Freiheit in einer durchlittenen Weise des Versöhnens. Dazu gehört dann – gerade weil alles auf das Selbersein, auf die Unbedürftigkeit vom anderen abgestellt war – das Verwiesensein auf den anderen, der mich aus der Schlinge lösen muß, die ich selber nicht mehr aufknüpfen kann.

Erlösung braucht nun den Erlöser: Die Väter haben das im Gleichnis vom verirrten Schaf ausgedrückt gefunden. Dieses Schaf, das im Dornstrauch verfangen ist und den Rückweg nicht mehr weiß, ist für sie ein Bild des Menschen überhaupt, der aus seinem Dorngestrüpp nicht mehr herauskommt und auch den Weg zu Gott nicht mehr selber finden kann. Der Hirt, der es holt und heimträgt, ist für sie der Logos selber, das ewige Wort, der ewige, im Sohn Gottes wohnende Sinn des Alls, der sich selbst auf den Weg macht zu uns und der nun das Schaf auf die Schultern nimmt, das heißt Menschennatur annimmt und als Gottmensch das Geschöpf Mensch wieder heimträgt. So wird reditus, Einkehr möglich, die Heimkehr schenkt. Die heilende Wende geschieht in der Form des Kreuzes Christi, der sich im Tod verschenkenden Liebe, die ein Akt der Neuschöpfung ist, der die Schöpfung wieder zu sich selber bringt. In der christlichen Liturgie vollzieht sich die Beteiligung an diesem „Pascha" Christi, an diesem seinem „Übergang" vom Göttlichen zum Menschlichen, vom Tod zum Leben, zur Einheit von Gott und Mensch.

Zeit hat nach dieser Auffassung wesentlich mit *Freiheit* zu tun, ist eine Bewegung der Freiheit. Sie kommt aus Gottes schöpferischer Freiheit heraus, die zunächst mit der kosmischen Bewegung einen Raum der Freiheit bereitet: Der Kosmos ist nicht neutral dem Menschen gegenüber, der Mensch nicht ein armseliger Parasit des Seins, sondern Kosmos ist auf Freiheit hin geschaffen, die seine innere Bewegungslinie aufnimmt und allein zum Ziel bringen kann. Denn die Heimkehr, die der Zielpunkt der Bewegung ist, kann nur als sich zurückschenkende und so vollends sich findende Freiheit stattfinden. Deswegen ist diese Heimkehr nun auch nicht Rücknahme der Zeit in die Nichtzeit hinein, sondern Endgültigwerden der Zeit. Ihr Ende ist nicht Auflösung, sondern die gefundene Form ihres Bleibens, durchlichtete Freiheit, die ihren endgültigen Halt im Verschmelzen mit Wahrheit und Liebe findet. Sie nimmt den auf sie bezogenen, ihr innerlich zugehörigen Kosmos in sich auf, der so „neuer Himmel und neue Erde" wird.

Freilich darf nicht ausgelassen werden, daß es das *Risiko der Freiheit* gibt und all ihre Folgen, als deren schrecklichstes Zeichen, das von keinem Optimismus weggeredet und weggedacht werden darf, sich uns Auschwitz eingeprägt hat. Die Frage, ob demgemäß das Risiko der Freiheit nicht zu hoch, ihr Preis nicht zu teuer war, ob sie eigentlich besser nicht hätte sein dürfen, überschreitet unsere Grenzen, die Grenzen unserer Einsichtsfähigkeit und unseres Horizonts. Da gilt, was nach der Gottesrede am Ende des Buches Ijob der Mensch im Angesicht Gottes sagt: „Siehe, ich bin zu gering. Was kann ich dir erwidern? Ich lege meine Hand auf meinen Mund" (Ijob 40,4). „Vom Hörensagen nur hatte ich von dir vernommen; jetzt aber hat mein Auge dich geschaut. Darum widerrufe ich und atme auf, in Staub und Asche" (Ijob 42,5f).

Jedenfalls müssen wir damit rechnen, daß es die gescheiterte, die unversöhnte und unversöhnbare Freiheit gibt, das unwiderruflich Böse - sozusagen eine negative Entropie des Geistes, der nach unten hin erstarrt, die ihm gegebene Zeit verbraucht und zerstört hinterläßt. Aber andererseits ist es die zentrale Aussage des neutestamentlichen Glaubens, daß es die Möglichkeit gibt, gefallene Freiheit, mißbrauchte Zeit in stellvertretender *Liebe* aufzufangen und zu versöhnen, so daß die Wunden der Ungerechtigkeit und des Bösen im annehmenden Leiden zu Zeichen des Friedens werden. Die Heimkehr, von der letztendlich die Apokalypse spricht, ist keine Idylle, sondern setzt den Kampf gegen das Böse, gegen Unrecht und Haß voraus. Sie schließt einen neuen, die Schöpfung überschreitenden Einsatz Gottes ein, weil nur die unendliche Liebe und ihr Mitleiden stark genug sind, um die Feindschaft zu überwinden und Liebe neu glaubwürdig zu machen gegenüber der Furcht vor der Abhängigkeit und dem Verlangen nach Autonomie als scheinbar allein genügender Weise der Freiheit. Nur der Gott, der aus der Distanz des Schöpfers und Herrn heraustritt bis in die Abhängigkeit des Knechtes hinein, der den Sklavendienst der Fußwaschung tut - nur er und seine Liebe sind jene Kraft, die den Kosmos der Freiheit auffangen und Liebe als die wahre Autonomie, als die wahre Freiheit in Kraft setzen können. Das alles mag dem Nichtgläubigen naiv oder mythologisch klingen, aber wie sollte unserer emanzipierten Rationalität die Kühnheit Gottes nicht mythologisch erscheinen?

Ich hatte vorhin gesagt, daß die liberale und die marxistische Vision der endgültigen Versöhnung von Freiheit und Naturnotwendigkeit widersprüchlich bleiben und vor allem die vergangene Zeit als bloßen Anlauf auf das Endgültige hinter sich lassen, den jeweils Lebenden und den Verstorbenen keine wirkliche Verheißung zu geben haben. Können wir uns etwas vorstellen unter der eben angedeuteten christlichen Erwartung einer ins Endgültige hinein versammelten Zeit, in der sie nicht zurückgenommen wird, sondern die gültige Form ihres Bleibens findet? Ich denke, eine erste Verstehenshilfe kann uns aus dem Begriff des *Gedächtnisses* kommen. Der Mensch kann die vorübergehende Zeit verinnerlichen, ihr so eine neue Ebene des Bestehens geben, in der sie einerseits als Ablauf beendet und ihr andererseits doch Bleiben, eine Art von Ewigkeit gegeben wird.

Das eigentliche Modell, wie Zeit in neue, erfüllte Weise ihres Bestehens übergeführt, zugleich beendet und endgültig gemacht werden kann, hat die christliche Überlieferung in der Selbsthingabe Christi am Kreuz, in seinem „Opfer", gesehen. Diese Hingabe geschieht in der Zeit, ist als solche zunächst ein zeitlicher Akt, der aber in der Selbstübergabe an den Vater die Zeit überschreitet und sie zugleich in sich hineinzieht. In der Zeit reift, was mehr ist als Zeit, so daß ihr Ende zugleich Erfüllung von Zeit wird. Der

äußere Akt der Kreuzigung vergeht, er steht im *ephapax* des Unwiederholbaren. Aber der innere Akt, wiewohl an die Zeit geheftet, aus ihr kommend, wird bleibend, wird eine Realität, in die die Geschichte ausgehen und eingehen kann.
So könnte dieser zentrale Punkt der Weltgeschichte, ihre Kehre zum reditus hin, wohl helfen zu verstehen, was Ende der Zeit positiv heißen kann. Von solchen Überlegungen her könnte wohl auch das Thema „Gott und die Zeit" noch einmal aufgenommen werden: Kann man von hier aus nicht ahnen, wie Gott zugleich in und über der Zeit ist? Die Weise, wie Liebe Zeit verinnerlicht und von der Ewigkeit angenommen ist, könnte uns etwas ahnen lassen von der Zeitbeziehung Gottes und seiner Souveränität der Zeit gegenüber.
Eines dürfte deutlich geworden sein: Die Frage, was Zeit ist, erhält ihre Radikalität in der Frage nach dem Ende der Zeit. Aber wer nach Anfang und Ende der Zeit fragt, muß auch fragen, was es außerhalb der Zeit und über sie hinaus gibt. Dann entscheidet sich die Antwort nach dem Wesen der Zeit, nach ihrem Anfang und ihrem Ende. Deshalb ist die Frage nach der Zeit untrennbar mit der Gottesfrage verknüpft, die letzten Endes die Frage einer rational verantworteten freien Entscheidung und insofern zugleich eine ganz zeitliche und eine die Zeit überschreitende Frage ist. Vom Ja oder Nein zu Gott, von der Weise, Gott zu sehen, hängt es ab, wie wir Zeit verstehen können. Und davon hängt nicht nur ab, wie wir sie verstehen, sondern wie wir handelnd Zeit aufnehmen oder verbrauchen können. Die Frage nach Gott ist ebenso wie die Frage nach der Zeit letztlich keine theoretische Frage, sondern die Frage nach der *Praxis* des Lebens.

Johann Baptist Metz

Gott. Wider den Mythos von der Ewigkeit der Zeit

Erste Vergewisserungen

Der besondere Anlaß legt einen besonderen, will sagen: einen persönlich gefärbten Einstieg nahe.
Nun habe ich, siebzigjährig, seit Jahrzehnten Theologie getrieben und habe gleichwohl den Eindruck, ich stünde noch ganz am Anfang, hätte jedenfalls das Wichtigste noch kaum gesagt und wäre zu viele Antworten schuldig geblieben. Hängt das nur an mir, am eigenen Unvermögen - oder nicht doch auch an der Theologie selbst, an der Theologie nicht als dies oder das, sondern als der immer neu gewagte Versuch der Rede von Gott? Gott ist ja kein Problem im zünftigen Sinn, kein Problem, das sich lösen und damit ad acta legen ließe. Theologie ist deshalb auch kein übliches Problemlösungsverfahren. Ihre Antworten bringen die Fragen, auf die sie antwortet, nicht einfach zum Verstummen oder zum Verschwinden, sie schärfen sie vielmehr an. Wer zum Beispiel die Rede vom Gott Abrahams, Isaaks und Jakobs so formuliert, daß in ihr der Seufzer des Ijob, sein Klageruf: „Wie lange noch?" unhörbar geworden ist, der treibt nicht Theologie, sondern Mythologie. Wer etwa die Botschaft von der Auferweckung des Christus so hört, daß in ihr der Schrei des gottverlassenen Sohnes verstummt ist, der hört nicht das Evangelium, sondern einen Siegermythos.
Die Gottesverständigung richtet sich nicht auf irgendwelche („postmodern") erfundenen Gottesbilder, die allesamt keine Negativität, keinen ungetrösteten Schmerz vertragen, sondern auf das Gottesbild der biblischen Traditionen. Nehmen wir die unhintergehbare schmerzliche Dialektik dieses Gottesbildes wirklich ernst? Das frage ich mich, wenn ich auf die heute ach so positive Gottesmetaphorik in der Verkündigung höre, in der nur noch von der „Liebe" Gottes die Rede ist. Das frage ich mich freilich auch, wenn ich bei

Kritikern lese, daß es allein die Kirche gewesen sei, die das dunkle Gottesbild gemalt habe, um die Menschen zu ängstigen und zu demütigen. Nein, es ist schon das Leben selbst, das uns dieses dunkle Gottesbild vorhält und das ein reifer Glaube nicht einfach wegzuschminken, sondern dem er standzuhalten hätte – und sei es mit einem lautlosen Seufzer der Kreatur. Wie narzißtisch muß eigentlich ein Glaube sein, der angesichts des Unglücks und der abgründigen Leiden in der Schöpfung, Gottes Schöpfung, nur Jubel kennen will und keinen Schrei vor dem dunklen Antlitz Gottes?

Gestatten Sie mir in diesem Zusammenhang auch einen Hinweis aus meiner theologischen Biographie. Ich gehöre zu jener Generation von Deutschen, die langsam – vermutlich viel zu langsam – lernen mußte, sich als eine Generation „nach Auschwitz" zu begreifen und dem in der Art des Theologietreibens Rechnung zu tragen. Auschwitz als kritische Rückfrage an die eigene Theologie zu verstehen ist alles andere als eine durchsichtige Instrumentalisierung dieser Katastrophe, alles andere als der fragwürdige Versuch, sie zum „negativen Mythos" zu stilisieren. Diese Katastrophe signalisiert für mich vielmehr einen Schrecken, für den ich weder einen Ort noch eine Sprache in der Theologie gefunden habe, einen Schrekken, der jede vertraute ontologische und metaphysische Sicherung der Gottesrede durchbricht und die Theologie auf die „schwachen" Begriffe und Kategorien eines situationssensiblen Denkens festlegt – gewissermaßen im Stile eines neuen, eines sekundären Nominalismus. Hat die christliche Gottesrede für ihre Anschauung von der Geschichte womöglich viel zu „starke" Kategorien benützt? Kategorien, die alle geschichtlichen Verletzungen, alle Untergänge und Katastrophen viel zu schnell überdeckten und die ihrer Logik den Schmerz des Erinnerns ersparten? Müßte nicht wenigstens jetzt die Theologie davon überzeugt sein, daß es ihr verwehrt ist, die Identität des Christentums wie Platons zeitenthobene Ideen zu denken, oder – im modischen Schwenk von der Geschichte zur Psychologie – wie einen geschichtsfernen gnostischen Erlösungsmythos?

Die christliche Rede von Gott und seinem Christus fußt nicht auf einer situationsblinden und gedächtnislosen Heilsmetaphysik, sie ist selbst von einem geschichtlichen Eingedenken geprägt und kann ihre Rede von Gott nur in kritischer Korrespondenz mit der jeweils aufgenötigten Situation verantworten. Nur so kann sie wissen und mitteilen, von wem sie spricht, wenn sie „Gott" sagt. Die Gottesrede kann und darf auch nicht einfach ekklesiologisch verschlüsselt werden. Der Gott der kirchlichen Botschaft ist ein Menschheitsthema oder überhaupt kein Thema. So jedenfalls lese und verstehe ich die Lehraussagen des Ersten Vatikanischen Konzils über die sogenannte „natürliche Gotteserkenntnis". Der von der Kirche verkündigte Gott ist ja weder das Privateigentum der Kirche noch das des Glaubens, denn mit dem Blitz Gottes ist – gerade auch nach biblischer Auskunft – in allen Erfahrungs- und Sprachlandschaften der Menschen zu rechnen. So ist der Raum der Kirche eigentlich zu eng und zu klein, um die ganze Breite und Tiefe des von ihr verkündeten Gottes beherbergen zu können.

Die zwei Zeitbotschaften

Um die Provokation der Rede von Gott in unserer Situation besprechbar zu machen, bediene ich mich einer Vermittlung: der Vermittlung durch die Frage nach der Zeit. Schließlich will die Gottesbotschaft der biblischen Traditionen selbst als Zeitbotschaft gehört werden, näherhin als Botschaft von der befristeten Zeit, von der Zeit mit Finale. Alle ihre Aussagen zu Gott tragen einen Zeitvermerk, einen Endzeitvermerk. Dabei fußt diese Gottesbotschaft auf der elementaren Strukturierung der Zeit durch das Gedächtnis, durch jenes Leidensgedächtnis, in dem der Name Gottes als rettender Name, als anstehendes Ende der Zeit erzählt und bezeugt wird. Diese *Zeit mit Finale,* diese gezielte Zeit, die weder dem griechisch-mediterranen noch dem vorderasiatischen Kulturraum vertraut war,[1] wird zur Wurzel des Verständnisses der Welt als Geschichte und zum Auftakt geschichtlichen Bewußtseins, wie es dann nachhaltig den Geist der europäischen Moderne durchprägt

[1] Selbst bei N. Cohn: Die Erwartung der Endzeit. Vom Ursprung der Apokalypse, Frankfurt/M. 1997, wird die qualitative Zäsur in den jüdischen Apokalypsen gegenüber den Ansätzen im Alten Orient betont: bes. 216ff.

– und zwar auch dort, wo diese Moderne sich längst säkularisierend und religionskritisch gegen die theologischen und metaphysischen Gehalte dieses Zeitdenkens wendet.
Inzwischen freilich gibt es im Hintergrund der „geistigen Situation unserer Zeit" (ein Wort, das bekanntlich auf Karl Jaspers zurückgeht und hier nicht gepreßt werden soll) eine höchst folgenreiche Verschiebung bzw. Änderung im Zeitdenken, so etwas wie einen elementaren „geistigen Bruch". Der läßt sich, abgekürzt, an einigen Namen der deutschen Geistesgeschichte verdeutlichen. Für Hegel und Marx zum Beispiel hatten Zeit und Geschichte und der Mensch in ihr noch ein reflexiv bestimmbares Ziel, ein spekulativ durchschaubares bei Hegel, ein politisch zu erkämpfendes bei Marx. Bei Nietzsche hingegen gibt es kein Finale mehr, nicht einmal, wie er ausdrücklich betont, ein „Finale ins Nichts"[2].
Nietzsches Botschaft vom „Tode Gottes" ist nämlich, genau besehen, auch eine Botschaft von der Zeit. Seine Aufkündigung der Herrschaft Gottes ist die Ankündigung der Herrschaft der Zeit, der elementaren, der unerbittlichen, der undurchdringlichen Hoheit der Zeit. „Gott ist tot". Was nun in allem Vergehen bleibt, ist die Zeit selbst: ewiger als Gott, unsterblicher als alle Götter. Es ist die Zeit, die nicht beginnt und nicht endet, die Zeit, die keine Fristen kennt und keine Ziele, die *ewige Zeit.*[3]
Der „neue Mensch" wird nun zum „Pilger ohne Ziel", zum „Nomaden ohne Route", zum dionysisch gestimmten „Vagabunden", für den alles Schwergewicht aus den Dingen und Beziehungen geschwunden ist; er wird zum „flexiblen Menschen", der ziellos dahindriftet: alles Kennzeichnungen, die nicht etwa einer kulturpessimistischen Theologie, sondern der zeitgenössischen Gesellschaftstheorie entstammen.[4] Dieser „neue Mensch" ist nun immer weniger sein Gedächtnis, immer mehr nur noch sein eigenes Experiment. Alle herkünftigen Obligationen verwandeln sich in immer neue Optio-

[2] F. Nietzsche: Werke in drei Bänden, Hg. K. Schlechta, München 1958 u.ö., hier: Bd. III, 853 (Nachlaß).
[3] F. Nietzsche: a.a.O. Bd. III, 456: „Die Zeit ewig".
[4] Vgl. Z. Bauman: Postmoderne Ethik, Hamburg 1995; R. Sennett: Der flexible Mensch. Die Kultur des neuen Kapitalismus, Frankfurt/M. 1998.

nen. Und das Geheimnis seiner Erlösung wurzelt nun nicht mehr – wie das ein bekanntes Wort aus dem Talmud insinuiert – in der Erinnerung, sondern im Vergessen, in einer neuen Kultur der Amnesie. Nietzsche, der im Hintergrund dieser Situation längst Hegel und Marx abgelöst hat, knüpfte seine „neue Art zu leben“ an den Triumph dieser kulturellen Amnesie. „Bei dem kleinsten aber und bei dem größten Glücke, ist es immer eins, wodurch Glück zum Glücke wird: das Vergessenkönnen … Wer sich nicht auf der Schwelle des Augenblicks, alle Vergangenheiten vergessend, niederlassen kann, wer nicht auf einem Punkte wie eine Siegesgöttin ohne Schwindel und Furcht zu stehen vermag, der wird nie wissen, was Glück ist.“[5]

So stehen sich im Hintergrund der geistigen Situation unserer Zeit zwei Zeitbotschaften gegenüber: zum einen die aus den biblischen Traditionen herkünftige und in die Moderne hineinwirkende Botschaft von der Zeit mit Finale und zum anderen die Botschaft von der Zeit ohne Finale, kurzum von der Ewigkeit der Zeit, die schon in frühgriechischen Mythen von der ewigen Wiederkehr des Gleichen verschlüsselt zur Sprache kommt und die nun – sozusagen in ihrer postmodernen Version – prominent bei Nietzsche buchstabiert wird.[6]

Gott und Zeit oder: Kleine Apologie des apokalyptischen Erbes

Das damit dringlich gewordene Thema „Gott und Zeit“ verlangt die Annäherung an ein biblisches Erbe, das heute theologisch oft geächtet oder verharmlost wird und das in der Art, wie es öffentlich gebraucht wird, zumeist ganz und gar mißverstanden ist: das Erbe der Apokalyptik.

Wenn man aber bei den Texten und Bildern der biblischen Apokalyptik einen Augenblick länger verweilt und ihnen um ein Gerin-

[5] F. Nietzsche: a.a.O. Bd. I, 212.

[6] Über den Zusammenhang zwischen Nietzsche und Heideggers Temporalisierungsprogramm der Ontologie wie deren Bedeutung für die fundamentale Frage nach „Gott und Zeit“ vgl. J.B. Metz: Zum Begriff der neuen Politischen Theologie. 1967–1997, Mainz 1997, 160ff (samt den dort unter Anm. 1 genannten Beiträgen).

ges länger standhält als es der moderne Konsens zu erlauben scheint, dann kann man erkennen, daß es sich bei dieser Apokalyptik nicht um eine geschichtsferne Spekulation, nicht um zelotisch angeschärfte Untergangsphantasien, nicht um eine katastrophensüchtige Vermutung über den Zeitpunkt des Finales der Welt handelt, sondern um die bildhafte Kommentierung des finalen Wesens der Weltzeit selbst. Gott ist in dieser apokalyptischen Sprache das noch nicht herausgebrachte, noch ausstehende Geheimnis der Zeit. „Hüter, wie spät ist es in der Nacht? ... Der Hüter aber sprach: Wenn der Morgen schon kommt, so wird es doch Nacht sein. Wenn ihr schon fragt, so werdet ihr doch wiederkommen und wieder fragen." (Jes 21,11f)

Das diesseitsbegabte, weltverstrickte Israel hat - nach allen wichtigen Zeugnissen - seinen rettenden Gott nicht hinterweltlich geglaubt und gedacht, nicht als das Jenseits zur Zeit, sondern als das zukommende, befristende Ende der Zeit. Diese Gotteserfahrung gilt für die abrahamitischen Traditionen: „Gott zieht Abraham auf den Weg"; sie gilt für das Exoduswort: „Ich werde bei euch sein als der ich bei euch sein werde"; sie gilt für die Krisen- und Umkehrbotschaft der Propheten, in der sich Israel in eine endzeitliche Landschaft verwandelt; sie gilt für Ijob und seinen Schrei: „Wie lange noch?"; und schließlich gilt sie für die frühjüdische, tief ins Neue Testament hineinreichende Apokalyptik und ihre Wahrnehmung der Geschichte als Leidensgeschichte.

Entsprechend gehört dieser apokalyptische Ton auch in die Gründungsgeschichte des Christentums. Was die Theologie später „Naherwartung" nennen wird, umspannt die neutestamentliche Szene. Schließlich hat in ihrem Horizont Jesus gelebt und gelitten. Und unter ihrem Zeitverständnis hat Paulus seine Christologie formuliert. Die paulinische Christologie ist keine Ideologie der geschichtlichen Sieger. Paulus selbst sprengt in seine Christologie apokalyptische Zeitelemente ein; man höre nur einmal: „Wenn die Toten nicht auferweckt werden, ist auch der Christus nicht auferweckt worden." (vgl. 1Kor 15,13;16) Dieses Zeitdenken wäre für eine zeitgenössische Rede von Gott und seinem Christus unbedingt zu retten!

Freilich, wo gerät man mit solchen Forderungen hin? Sie mögen ja für die biblische Welt zutreffen. Sind wir indes heute nicht durch Abgründe von ihr getrennt? Stehen nicht Welten zwischen uns und Paulus? Gerät der Versuch, die biblische Rede von Gott und seinem Christus im gegenwärtigen Christentum zu erinnern und einzuklagen, nicht allemal zu einem schlechten Biblizismus? Verrät ein solcher Versuch nicht eine gehörige Portion hermeneutischer Naivität?

Doch sehen wir zu, wo die hermeneutischen Naivitäten zu Hause sind! Und lassen wir uns von dem Verdacht leiten, daß in der Theologie die Berufung auf Hermeneutik auch dazu dienen kann, die Provokation der biblischen Gottesrede stillzustellen und uns von ihrem „Skandal“ schiedlich-friedlich zu entlasten. Einer dieser hermeneutischen Entlastungsangriffe wird gern mit der sogenannten Weltbildthese geführt. Man unterscheidet zwischen archaischen und modernen Weltbildern und verschenkt dann freimütig und großzügig Apokalyptik und Theodizee und die damit verbundenen Wahrnehmungen der Welt an die mythischen Weltbilder archaisch-biblischer Zeit. Doch nistet nicht hier die eigentliche hermeneutische Einfalt? Die Vertreter solcher Weltbildthesen tun nämlich so, als gäbe es zunächst ein weltbildfreies, gewissermaßen geschichtlich und kulturell nacktes Christentum, einen nackten biblischen Gottesgedanken, den man nachträglich mit höchst unterschiedlichen, ja einander ausschließenden Weltbildern behängen kann. Doch die imaginative Wahrnehmung der Welt im Horizont befristeter Zeit, das Weltbild mit Finale, steht für die christliche Gottesrede nicht zur Disposition![7] Es sei denn, man habe es längst an eine dualistische Gnosis mit ihrem Axiom von der Heillosigkeit der Zeit und der Zeitlosigkeit des Heils verraten, um so die christliche Heilsbotschaft gegen die Abgründe der menschlichen Lei-

[7] Das Wort von der „Gotteskrise“ (vgl. dazu schon meinen Text: „Gotteskrise. Versuch zur geistigen Situation der Zeit“, in: J. B. Metz u. a., Diagnosen zur Zeit, Düsseldorf 1994, 76-92) bezeichnet nicht nur eine „Glaubenskrise“, die ihrerseits (nur) die Glaubenden in ihrer gläubigen Subjektivität beträfe. Die „Gotteskrise“ betrifft die Welt im ganzen bzw. die imaginative Wahrnehmung von Welt überhaupt und hängt engstens zusammen mit der Problematisierung und dem Umbruch eines bislang vorherrschenden Weltbildes.

densgeschichte abzuschirmen und ihr die apokalyptische Unruhe der Rückfrage an Gott zu ersparen.

Lassen Sie mich in diesem Zusammenhang eine Frage stellen, die mich selbst bedrängt und die unmittelbar an die Aktualität der eben angedeuteten gnostischen Versuchung des Christentums anschließt. Können wir überhaupt noch die Rede von Gott in einen Zusammenhang mit der Weltzeit bringen? Huldigen wir hier nicht einem heimlichen Dualismus? Wir halbieren ganz schlicht unser Zeitverständnis, überlassen die Weltzeit einer leeren, anonymen Evolutionszeit und suchen nur die individuelle Lebenszeit in ein Verhältnis zu Gott zu bringen. Haben wir aber damit nicht – gut gnostisch – den Schöpfer „Himmels und der Erde" längst preisgegeben und huldigen ausschließlich einem in den Tiefenräumen unserer Seele vermuteten Erlösergott? Kann sich aber eine Theologie, die am Bekenntnis zur Schöpfung festhält, der Spannung zwischen Lebenszeit und Weltzeit ein für allemal entziehen?

Um das Mindeste zu sagen: Nicht die individuelle Lebenswelt, sondern gerade auch die Welt der *Anderen,* nicht nur der Vorlauf in den eigenen Tod, sondern die Erfahrung des Todes der Anderen hält die apokalyptische Unruhe wach. Schließlich sind die Inhalte der apokalyptischen Botschaft – Auferweckung der Toten, Jüngstes Gericht – alle an der menschlichen Leidensgeschichte orientiert. Dabei ist die Krisenerfahrung, an der die Botschaft von der universalen Auferweckung der Toten ansetzt, nicht einfach die individuelle Sterblichkeitserfahrung, sondern vor allem die beunruhigende Frage nach der Rettung der Anderen im Tode – und zwar der unschuldig und ungerecht Leidenden, es ist also die Frage nach der Aufrechterhaltung der Gerechtigkeit für die Opfer und Besiegten der Geschichte, zu Lasten derer wir leben und an deren Schicksal kein noch so leidenschaftlicher Kampf der Lebenden verändernd rühren kann. In den apokalyptischen Traditionen ist die Hoffnung auf die Auferweckung der Toten der Ausdruck einer Sehnsucht nach universaler Gerechtigkeit, die durch Gottes Macht zuteil wird, Gottes Macht, die in der apokalyptischen Vision jene Macht ist, die auch das Vergangene nicht in Ruhe läßt. Und die apokalyptische Botschaft vom Jüngsten Gericht bestätigt noch einmal, daß vor

Gott auch die Vergangenheit nicht sicher ist; sie widersteht der Art, wie wir uns üblicherweise mit den vergangenen Leiden versöhnen und im Vergessen uns beruhigen. Doch was wäre, wenn sich die Menschen eines Tages nur noch mit der Waffe des Vergessens gegen das Unglück in der Welt wehren könnten, wenn sie ihr Glück nur noch auf das mitleidlose Vergessen der Opfer bauen könnten, auf eine Kultur der Amnesie, in der nur noch die Zeit alle Wunden heilen soll? Woraus nährte sich dann noch der Aufstand gegen die Sinnlosigkeit des Leidens in der Welt, was inspirierte dann noch zur Aufmerksamkeit für das fremde Leid und zur Vision einer neuen größeren Gerechtigkeit?

Stellproben im Heute

Wie steht es eigentlich um dieses Erbe der biblischen Gottesrede in der Kirche? Gehört die apokalyptische Literatur nicht zum bevorzugten Zitatenschatz versteinerter Traditionalisten oder engstirniger Fundamentalisten? Sollte man also nicht besser die Finger davon lassen; etwa zugunsten einer sanfteren, modernitätsverträglicheren Eschatologie? Nein, meines Erachtens bleibt der Umgang mit diesem Erbe die Probe auf die Authentizität und Glaubwürdigkeit der kirchlichen Sendung in unserer Zeit und schließlich auch die Probe auf den bleibenden Eigensinn der Theologie.

Im Verlauf der Jahrzehnte habe ich versuchsweise dem theologischen Diskurs immer wieder Bestimmungen der Kirche angeboten, die sich dieser Probe nicht entziehen wollten: so etwa die Bestimmung der Kirche als „Institution der gesellschaftskritischen Freiheit des Glaubens", Kirche als „Tradentin einer gefährlichen Erinnerung in den Prozessen der Modernisierung", Kirche als „Erinnerungs- und Erzählgemeinschaft in der Nachfolge Jesu, dessen erster Blick dem fremden Leid galt", also „Kirche der Compassion". Gerade die letztere Bestimmung verdeutlicht, daß die Kirche ihren Anspruch und Einspruch nur dadurch beglaubigen kann, daß sie – theodizeesensibel – in sich immer wieder das zusammenführt und zusammenhält, wozu sie die Treue zu ihrem apokalyptischen Erbe zwingt: das Gottesgedächtnis im Eingedenken der Leidensgeschichte der Menschen.

Auch die Kirche steht ja nicht über, sondern unter jener Autorität der Leidenden, die Jesus in der Gerichtsparabel der sogenannten „kleinen Apokalypse" von Mt 25 zum Kriterium des Weltgerichts gemacht hat: „Was immer ihr dem Geringsten getan oder nicht getan habt ...". Der Gehorsam gegenüber dieser Autorität der Leidenden kann von keinem Diskurs und keiner Hermeneutik hintergangen werden. Er kann auch nicht ekklesiologisch verschlüsselt werden. Das Kriterium dieses Gehorsams kann geradezu zur Basis tiefgreifender Kritik am konkreten kirchlichen Verhalten werden. Hat die Gottesverkündigung in der Kirche nicht zu oft vergessen, daß sich die biblische Gottesrede im Eingedenken fremden Leids buchstabiert, daß also das dogmatische Gottesgedächtnis nicht vom himmelschreienden Leidensgedächtnis abgesprengt werden darf? Ist die „Gotteskrise", die im Hintergrund der heute vielbesprochenen Kirchenkrise steht, nicht auch durch eine kirchliche Praxis mitverursacht, in der Gott mit dem Rücken zur Leidensgeschichte der Menschen verkündet wurde und wird? Klingt die Berufung der Kirche auf die Autorität Gottes vielleicht deshalb zuweilen so fundamentalistisch, weil die verkündete Autorität Gottes zu sehr von der Autorität der Leidenden getrennt ist? Gibt es nicht allzuviele Beispiele dafür, wie wenig die Kirche das fremde Leid an sich und ihre Botschaft herankommen läßt: den Schrei der Armen, den Schrei der Opfer von Auschwitz?

Welche Impulse wären für die Kirche, für ihre Weltverantwortung aus der Treue zu diesem Erbe der Gottesbotschaft zu ziehen? Ohne Ehrgeiz auf Vollständigkeit nenne ich die folgenden.

Aus der Inspiration des apokalyptischen Leidensgedächtnisses das humane Gedächtnis zu schärfen

Die biblische Botschaft von Gott als Botschaft von der befristeten Zeit äußert sich in einer primär gedächtnisorientierten, am Leidensgedächtnis der Menschen orientierten Kultur. Die Botschaft vom Tod Gottes als Botschaft von der Zeit ohne Finale drückt sich, wie wir sahen, in einer Kultur des Vergessens, in Formen kultureller Amnesie aus. Die Ewigkeit der Zeit erzwingt das Vergessen als

Bedingung des Glücks. „Selig die Vergeßlichen“, formuliert Nietzsche[8] im bewußten Widerklang zur biblischen Seligpreisung „Selig die Trauernden“, die sich weigern, alles Entschwundene und unwiederbringlich Vergangene zum existentiell Bedeutungslosen herabzustufen und so dem Wissen des Menschen um sich selbst das Vermissen auszutreiben.

Das Eingedenken fremden Leids bleibt freilich eine fragile Kategorie in einer Zeit, in der sich die Menschen am Ende nur noch mit dem Schild der Amnesie gegen die immer neu hereinstürzenden Leidensgeschichten und Untaten wappnen zu können meinen: vorgestern Auschwitz, gestern Bosnien und Ruanda, heute der Kosovo – und morgen? Doch dieses Vergessen ist nicht ohne Folgen. Hat nicht Auschwitz die metaphysische und moralische Schamgrenze zwischen Mensch und Mensch tief abgesenkt, das Band der Solidarität zwischen allem, was Menschenantlitz trägt, tief verletzt? Es gibt ja nicht nur eine Oberflächengeschichte der Gattung Mensch, sondern auch eine Tiefengeschichte, und die ist durchaus verletzbar. Gewinnen schließlich die Gewalt- und Vergewaltigungsorgien der Gegenwart für uns nicht unbewußt etwas von der normativen Kraft des Faktischen, zersetzen sie nicht hinter dem Schild der Amnesie unser zivilisatorisches Urvertrauen, jene moralischen und kulturellen Reserven, in denen die Menschlichkeit des Menschen gründet? Könnte es sein, daß dem Menschen im Bann der kulturellen Amnesie nicht nur Gott abhanden gekommen ist, sondern daß er immer mehr sich selbst abhanden kommt, in dem abhanden kommt, was wir bisher emphatisch seine „Menschlichkeit“ genannt haben?

Aus der Leidenssensibilität apokalyptischer Traditionen das Friedenswerk unter den Menschen zu fördern

Fremdes Leid wahrzunehmen und beim eigenen Handeln zu berücksichtigen ist die unbedingte Voraussetzung aller wirklich gelingenden Friedenspolitik. Was zum Beispiel wäre im ehemaligen Jugoslawien geschehen, wenn die dortigen Völker nach dem Imperativ der apokalyptischen *memoria passionis* gehandelt hätten? Wenn sie sich also in ihren Konflikten nicht nur der eigenen

[8] F. Nietzsche: a.a.O. Bd. II, 682.

Leiden, sondern auch der Leiden der anderen, der Leiden ihrer bisherigen Feinde erinnert hätten? Was könnte im Verhältnis zwischen Israel und den Palästinensern geschehen, wenn die dortige Friedenspolitik vom Axiom des apokalyptischen Leidensgedächtnisses geleitet bliebe? Was wäre mit den Bürgerkriegen in anderen Gegenden Europas, wenn Christen nicht immer wieder diese apokalyptische memoria passionis verraten hätten? Und nur, wenn auch unter uns - in der neuen EU - eine von dieser Leidenssensibilität inspirierte politische Kultur zunimmt, wächst die Aussicht darauf, daß das künftige Europa eine blühende Landschaft sein wird, eine Friedenslandschaft und nicht eine Landschaft implodierender Gewalt, also nicht eine Landschaft eskalierender Bürgerkriege.
Gewiß, man wird sich fragen, wie politikfähig eine solche Inspiration wirklich sein kann. Die hier angerufene apokalyptische Tradition protestiert gegen einen Pragmatismus der demokratischen Freiheit, der sich vom Leidensgedächtnis losgesagt hat und so zunehmend moralisch erblindet. Es kann schließlich in der Politik der Freiheit nicht nur um das Verhältnis der einen Diskurspartner zu den anderen Diskurspartnern gehen, sondern - fundamentaler und ganz im Sinne des apokalyptischen Blicks auf die Geschichte der Menschen - um das Verhältnis der einen zu den gefährdeten und übersehenen Anderen. Strikt symmetrische Anerkennungsverhältnisse, wie sie in unserer Diskurspolitik unterstellt werden, kommen letztlich über eine Logik der Markt-, der Tausch- und Konkurrenzgesetze nicht hinaus. Erst asymmetrische Anerkennungsverhältnisse, erst die Zuwendung der einen zu den bedrohten und geopferten Anderen, bricht die Gewalt der Logik des Marktes in der Politik. Nicht wenige werden in dieser Betonung der Asymmetrie einen viel zu emphatischen Politikbegriff vermuten. Tatsächlich reklamiert er jedoch nur das unverzichtbare Verhältnis von Politik und Moral. Denn ohne diese „moralische Implikation" wäre Politik, wäre Weltpolitik nur das, als was sie heute bereits weithin erscheint: die Geisel von Ökonomie und Technik und ihrer sogenannten Sachzwänge im Zeitalter der Globalisierung.
Im Lichte des apokalyptischen Leidensgedächtnisses ein neues Verhältnis der Religionen zu gestalten - und zwar im Sinne einer

indirekten Ökumene der Religionen, d.h. in der Praxis gemeinsamer Weltverantwortung

Alle großen Religionen der Menschheit sind um eine Mystik des Leidens konzentriert. Das wäre auch die Basis der hier gesuchten Koalition der Religionen zur Rettung und Beförderung der sozialen und politischen Compassion in unserer Welt - im gemeinsamen Widerstand gegen die Ursachen ungerechten und unschuldigen Leidens in der Welt, gegen Rassismus, gegen Fremdenfeindlichkeit, gegen nationalistisch oder rein ethnisch imprägnierte Religiosität mit ihren Bürgerkriegsambitionen; aber auch gegen die kalte Alternative einer Weltgesellschaft, in der „der Mensch" immer mehr in den menschenleeren Systemen der Ökonomie, der Technik und ihrer Kultur- und Informationsindustrie verschwindet und in der die Politik immer mehr ihren Primat an eine Weltwirtschaft mit ihren vom Menschen selbst längst abstrahierenden Marktgesetzen zu verlieren droht. Hier wäre diese indirekte Ökumene der Religionen ein politisches Ereignis, nicht, damit einer traumtänzerischen Gesinnungspolitik oder gar einer fundamentalistischen Religionspolitik das Wort geredet, sondern damit gewissenhafte Weltpolitik gestützt werde.

Dabei gebietet es die theologische Aufrichtigkeit, auf eine wichtige Frage aufmerksam zu machen: Wie verhalten sich zwei klassische Formen dieser Leidensmystik der Religionen zum Umgang mit fremdem Leid? Zum einen handelt es sich um die Leidensmystik der biblisch-monotheistischen Traditionen mit ihrem apokalyptischen Hintergrund, zum anderen um die Leidensmystik in den fernöstlichen, speziell in den buddhistischen Traditionen, die auch in der westlichen Welt nach dem proklamierten „Tod Gottes" und im Horizont der verewigten Zeit, der Zeit ohne Finale, immer mehr Anhänger gewinnt; denn schließlich kennt der Buddhismus nichts, was auch nur annähernd dem biblisch verwurzelten Endzeitdenken entspricht.[9]

Die Mystik der apokalyptisch inspirierten Traditionen ist in ihrem Kern eine Mystik der offenen Augen, der unbedingten Wahrneh-

[9] Vgl. A. Pieris: Millennaristischer Messianismus in der Geschichte des Buddhismus, in: Conc 34 (1998), 446-457.

mungspflicht für fremdes Leid. Aus den Gründungslegenden des Buddhismus wird deutlich, daß sich auch Buddha in der Begegnung mit fremdem Leid wandelt. Doch schließlich flieht er in den Königspalast in seinem Innern, um in der Mystik der geschlossenen Augen die Landschaft zu finden, die immun ist gegen alles Leid und gegen die Provokation der befristeten Zeit. Demgegenüber ist die Mystik Jesu eher eine „schwache" Mystik. Er kann sich über die Landschaft des Leidens nicht erheben, seine Mystik mündet in einen apokalyptischen Schrei.

Konsequenzen für die Theologie

Im Blick auf die Theologie ginge es darum, die endzeitlich orientierte memoria passionis in die Logik der Theologie einzutragen. Immer wieder habe ich herauszustellen versucht, daß eine der wichtigsten Aufgaben der Theologie die Konfrontation ihres griechisch-hellenistischen Erbes mit dem - metaphysisch weithin stummen - Zeitdenken der biblischen Traditionen sei. Ich habe diese Konfrontation unter dem Stichwort der „anamnetischen Vernunft" erörtert, die es der Theologie verbietet, sich in vermeintlich zeitlosen Letztbegründungen über das geschichtliche Eingedenken zu erheben.
Die Aufklärung hat in der von ihr entwickelten und heute dominierenden Vernunftgestalt ein tiefsitzendes Vorurteil nicht überwinden können: das Vorurteil gegenüber der Erinnerung. Sie förderte Diskurs und Konsens und unterschätzte die intelligible Macht der Erinnerung, also die anamnetische Rationalität. Wie aber, wenn Vernunft durch Erinnerung bestimmt bleibt? Kann solche Vernunft überhaupt noch das Organon von Verständigung und Frieden sein? Wird mit einer solchen Auszeichnung der Vernunft nicht eine Haupterrungenschaft der politischen Aufklärung radikal verletzt bzw. fahrlässig widerrufen? Sind es nicht die geschichtlich-kulturell verwurzelten Erinnerungen, die immer wieder die gegenseitige Verständigung behindern, immer neu zu schmerzlichen Konflikten und dramatischen Verfeindungen führen und aus denen sich - am Ende dieses Jahrhunderts - alle offe-

nen oder latenten Bürgerkriege nähren? Ihren aufgeklärten Charakter und ihre legitime Universalität gewinnt die hier gesuchte anamnetische Vernunft dadurch, daß sie sich von einer bestimmten Erinnerung geleitet weiß, eben von der Leidenserinnerung – und zwar nicht in der Gestalt einer selbstbezüglichen Leidenserinnerung (der Wurzel aller Konflikte!), sondern in der Gestalt der Erinnerung des Leidens der Anderen, in der Gestalt des Eingedenkens fremden Leids. Dieses Leidensapriori mit seinem negativen Universalismus leitet den Wahrheitsanspruch der Theologie, wenn sie als Politische Theologie die geschichtliche, die gesellschaftliche und kulturelle Situation in ihre Gottesrede aufnimmt.

Ich ziehe daraus, extrem abgekürzt, drei Konsequenzen. *Zum einen* hinsichtlich des Verhältnisses von Theologie und Kirche: Die Theologie steht nicht – sozusagen in teilnahmsloser Beobachterposition – außer oder über dem Gedächtnis der Kirche. Ihre unverzichtbare kritische Freiheit in der Gedächtnisgemeinschaft der Kirche gewinnt sie dadurch, daß sie das von der Kirche repräsentierte Gottesgedächtnis immer wieder daraufhin befragt, ob und inwieweit es zum Eingedenken fremden Leids wird, ob und inwieweit sich das dogmatische Gedächtnis der Kirche nicht vom Leidensgedächtnis der Menschen entfernt hat. Und wieso soll nicht auch künftig die Universität der bevorzugte Ort sein, an dem die Theologie diese kritische Freiheit im Interesse der Kirche wie der Gesellschaft praktiziert?

Zum anderen dann hinsichtlich des Verhältnisses der Theologie zur Wissenschaftswelt. Die für die Theologie unverzichtbare anamnetische Rationalität zielt auf die Wissensform des Vermissens. Wo im modernen Wissenschaftswissen nichts mehr vermißt wird, wird die Rede von „dem Menschen" selbst zum Anthropomorphismus; es ist nämlich dann nicht mehr „der Mensch" gewußt und gemeint, sondern nur noch die Natur, d.h. der Mensch als erinnerungs- und subjektlose Natur, als das noch nicht zu Ende experimentierte Stück Natur. Deshalb stützt die erinnerungsbegabte Wissensform der Theologie den elementaren Eigensinn des Geistes in den sogenannten Geisteswissenschaften und gehört an ihre Seite, solange diese sich nicht in einer zunehmend subjektloser, technomorpher werdenden Systemsprache selbst aufgeben.

Schließlich wendet sich die Theologie mit dem Leidensapriori der Vernunft auch an die „profanen" Leitbilder und Theorien des gesellschaftlichen und kulturellen Lebens. Sie fragt zum Beispiel kritisch, ob unsere posttraditionalen Diskursgesellschaften, die sich vom Apriori des Leidensgedächtnisses losgesagt haben, über eine Marktlogik wirklich hinauskommen, ob sie also noch von einer Vision der Verantwortung der einen für die Anderen vor jedem Tausch- und Konkurrenzverhältnis geleitet sind. Mit solchen Fragen beteiligt sich die Theologie am öffentlichen Streit, am interdisziplinären Räsonnement der Universitäten über die Grundlagen menschlichen Zusammenlebens.

Die Alternative oder: Wovor wir uns ängstigen

Zum Schluß nochmals ein Blick auf Nietzsche. Für ihn verbindet sich mit der Zeit ohne Finale, mit der durch den Tod Gottes entfristeten, der beginn- und endlosen Zeit der Anbruch des großen Experiments, das der Mensch nun sich selbst geworden ist. Er kleidet es in die Metapher vom „offenen Meer": „Endlich dürfen unsere Schiffe wieder auslaufen, auf jede Gefahr hin auslaufen, jedes Wagnis des Erkennenden ist wieder erlaubt. Das Meer, unser Meer, liegt wieder offen da. Vielleicht gab es noch niemals ein so ‚offenes Meer'".[10] Und in einem seiner berühmtesten Gedichte faßt er die Befindlichkeit des „neuen Menschen" so: „Hier saß ich, wartend, wartend, – doch auf nichts, / Jenseits von Gut und Böse, bald des Lichts / Genießend, bald des Schattens, ganz nur Spiel, / Ganz See, ganz Mittag, ganz Zeit ohne Ziel."[11]
Das apokalyptische Gewissen, dem die Leidenssensibilität der Zeiterfahrung eingeschrieben ist, macht auf die tiefe Ambivalenz unserer Zeitbefindlichkeit aufmerksam. Es erinnert an die Quellen unserer Angst. Wovor ängstigen wir uns? Vermutlich war der archaische Mensch immer geängstigt vom Gefühl des nahen Endes

[10] F. Nietzsche: a.a.O. Bd. II, 206.
[11] F. Nietzsche: Sils Maria, a.a.O. Bd. II, 271.

seines Lebens und seiner Welt; und diese mythische Angst hat auch seine Arbeit an der Welt gelähmt. Etwas von dieser Angst schlägt auch in den gegenwärtigen Katastrophenängsten durch. Doch für den Menschen heute gibt es meines Erachtens eine radikaler gewordene Angst. Es gibt eine Angst nicht nur davor, daß alles zu Ende gehen und etwa der Planet dem Untergang geweiht sein könnte, sondern - tiefer sitzend, sozusagen als Angst in allen unseren einzelnen Ängsten - eine Angst davor, daß überhaupt nichts mehr zu Ende geht, daß es überhaupt kein Ende gibt, daß sozusagen das individuelle Ende im Tod keine Analogie hat in einem Ende der Welt. Es gibt eine Angst davor, daß alles und alle hineingerissen sind in das Gewoge einer antlitzlosen und gnadenlosen Zeit, die schließlich jeden von hinten überrollt, wie das Sandkorn am Meer. Diese Art der Zeitherrschaft treibt jede substantielle Erwartung aus; sie erzeugt jene heimliche *Identitätsangst,* die an der Seele des heutigen Menschen frißt. Sie ist schwer entzifferbar, weil sie unter den Chiffren von Experiment und Fortschritt längst erfolgreich eingeübt ist, ehe wir sie, für Augenblicke, auf dem Grund unserer Seelen entdecken. So gibt es heute einen Kult des unbegrenzten Experimentierens: Alles ist machbar, alles gestaltbar. Ja, aber es gibt auch einen neuen Schikksalskult: Alles ist überholbar. Der Wille zum Experiment bleibt unterströmt von uneingestandener, unbegriffener Resignation.

In einem Brief Nietzsches an Franz Overbeck von 1888 heißt es: „Ich fürchte, ich schieße die Geschichte der Menschheit in zwei Teile auseinander."[12] Danach würde zum einen Teil die bisherige Geschichte der Menschheit gehören, jener Teil, dem die apokalyptische Zeitbotschaft immer noch eingeschrieben blieb - und zwar auch dort, wo diese Zeitbotschaft, in säkularisierender Verkehrung ihres Ursprungs, zu jenen Gewaltmythen unseres Jahrhunderts geführt hat, die das Finale der Menschheit herbeizuzwingen suchten. Zum anderen Teil der Geschichte gehörte dann die kommende Menschheit im Horizont der Zeit ohne Finale: ganz mittäglich, unschuldig, trauerfern, angstfrei, leidvergessen. So scheint es mir an

[12] F. Nietzsche: a.a.O. Bd. III, 1323.

der heute viel zitierten Schwelle ins neue Jahrtausend eine einzige und eigentliche Alternative zu geben:

Entweder wir ziehen, den alteuropäischen Menschen im Rücken, mit Nietzsche in die mythisch-dionysische Zeit ohne Finale – mit der Bereitschaft, mit dem „Willen“, sie als die eigentlich uns zugemutete Ewigkeit wahrzunehmen und anzunehmen, als das nunc stans einer ziellosen Zeit, jenseits von Gut und Böse, jenseits von Wahrheit und Lüge, als die Landschaft „offener Meere“, jenes unendlichen beginn- und endlosen Experiments, das der Mensch sich selbst ist im ewigen Kreislauf der Natur.

Oder wir rücken die Schwelle zur Zukunft der Menschheit in den – zugegebenermaßen schwächer beleuchteten – Horizont der befristeten Zeit, der Zeit mit Finale. In ihm steht auch die biblisch-monotheistische Urgeschichte der Menschwerdung des Menschen: Aufbruch, Exodus, Erheben des Hauptes im Bewußtsein der Gefahr, daß der Mensch durchaus seinen Namen, sein Antlitz verlieren kann; auch im Wissen darum, daß sein Gewissen die Reaktion auf die Heimsuchung durch das fremde Leid ist: daß also der Mensch als unbedingt verantwortliches und damit auch schuldfähiges Subjekt existiert, schuldig werdend vor allem im mangelnden Respekt gegenüber fremdem Leid; daß er als wahrheitsfähiges Subjekt existiert, wenn und insofern er dieses fremde Leid zur Sprache bringt, als gehorsames Subjekt schließlich (für das zumindest in einem Punkt das „Du sollst“ dem „Ich will“ Nietzsches vorgeordnet wäre), gehorsam nämlich gegenüber der unhintergehbaren Autorität der Leidenden, in der sich die Autorität des apokalyptischen Gottes für alle Menschen manifestiert.

An dieser Alternative entscheidet sich meines Erachtens auch die Zukunft des Christentums im Aufgang des nächsten Jahrtausends.

Joseph Kardinal Ratzinger, Johann Baptist Metz

Gott, die Schuld und das Leiden

Gespräch

Ratzinger: Statt jetzt genau herauszufinden, wo ich Herrn Metz, in dem, was er uns eben dargestellt hat, widersprechen möchte, fällt es mir leichter, aufzuzählen, worin ich ihm zustimme ... Zum Beispiel in dieser Beurteilung der Hermeneutik, die versucht ist, sich von der Schärfe der biblischen Botschaft freizustellen und sie in die Form zu bringen, die wir ertragen können, und demgegenüber die Entschiedenheit, sie in ihrer Anstößigkeit wahrzunehmen ... Oder im Bestehen auf dem Gedächtnis gegenüber der heutigen Kultur des Vergessens ... Und von daher in der Notwendigkeit, uns dem Schrei des Leidens zu stellen - nicht selbstbemitleidend auf uns hinzuschauen, sondern die bedrängende Wirklichkeit des Leidens und der Ungerechtigkeit in dieser Welt wahrzunehmen. Denn sie wird ja dadurch so anstößig, daß die Gerechtigkeit fehlt, daß kein Gott da zu sein scheint ... Insofern wird die Frage nach dem fremden Leid immerfort zur Gottesfrage ... Sie haben ein großes Stichwort ausgegeben mit dem Wort „Gotteskrise" - ob es nun besonders glücklich formuliert ist oder nicht, darüber muß man nicht streiten. Wir wissen alle, was Sie meinen.

Metz: Nein, nein! Sie vielleicht, aber ...

Ratzinger: Gut, Sie werden es noch erläutern. Ich glaube ungefähr zu verstehen, was Sie meinen. Jedenfalls, daß das Gottes-Thema in seiner ganzen Größe, in seinem Anspruch, in seiner Herausforderung, in seiner Not die Mitte ist, daß alle anderen Krisen sich letztlich nur von daher erklären, und daß wir - wenn überhaupt - nur Antwort finden können, wenn wir an diesem Punkt neu ansetzen ... Nun kam mir aber vor, daß in der praktischen Durchführung Ihrer Thematik das Gottesthema eigentlich doch nicht so anwesend war, wie ich es erwartet hatte.

Metz: Ich habe das Wort „Gotteskrise" benutzt, nicht um von den Problemen der Kirche abzulenken, sondern um darauf aufmerksam zu machen, daß hinter der Kirchenkrise eine Krise steht, die wahrscheinlich tiefer und radikaler ist. Nun sagt man, Kirchenkrise sei eine Glaubenskrise … Aber wenn es um Gott geht, geht es nie bloß um die Kirche oder die Glaubenden. Da geht es um die Welt im ganzen … Und so immer auch um Gott, selbst wenn das Wort nicht immer vorkommt …

Sie haben Zusammenhänge zum Zeitthema erläutert und dabei gegen den Autonomiebegriff polemisiert. Das tue ich auch, deswegen sind wir in gewissen Gegenden der deutschen Theologie nicht sehr angesehen … Ich frage mich, ob wir hinreichend bedacht haben, daß wir mit daran schuld sind, wie sich die moderne Freiheit als Autonomie ausgelegt hat. Im Grunde hängt dies am nicht zureichenden Umgang mit der Theodizeefrage und daran, daß wir immer noch von der – Ihnen weit mehr als mir vertrauten – Position des Augustinus herkommen und meinen, das Leid der Welt sei eigentlich durch die Schuld der Menschen entstanden … Augustinus sagt das – gegen Markion und die Gnosis – weil er jeden Dualismus in Gott vermeiden will. In der Folge muß dann, wegen des Übermaßes des Leidens in der Welt, die Schuld der Menschen riesig werden. So entstand eine hamartologische[1] Überforderung des Menschen, eine Art Sünden-Absolutismus, eine Über-Moralisiertheit im Christentum …

Und wenn sich nun, in der Moderne, Freiheit artikulieren wollte und artikuliert hat, um sich autonom zu setzen, dann tat sie es meines Erachtens meist gegen diesen Sünden-Absolutismus … Deswegen lassen sich Moderne wie Postmoderne von der Heils- und Gottesgeschichte auch nicht mehr berühren, so daß wir erneut als Theologen herausgefordert sind, die Relationen zwischen Leid und Schuld zu untersuchen. Alles, was ich von Jesus gelernt habe – nicht als Exeget, sondern als systematischer Theologe –, ist: Jesu Blick auf den Menschen galt in erster Linie nicht seiner Sünde, sondern dem Leid der Anderen …

[1] Hamartia – das im Neuen Testament gebräuchlichste Wort für „Sünde".

Die Theodizeefrage ist im Christentum stark zu machen, selbst wenn sie ihren aporetischen Charakter beibehalten würde und letztlich in dem stummen Schrei Ijobs erstarrte. Es gibt in unserer Zeit ungeheuer viele Schreie in und aus der Menschheit, auch außerhalb der Kirchen. Genauso, wie es viele Gebete aus der Menschheit gibt, auch außerhalb der Glaubensgemeinschaften ... Die übliche Vorstellung ist, daß nur der Glaubende bete und das Gebet die intensivere Form des Glaubens sei. Was ist, wenn man diese Vorstellungen preisgibt und sich fragt, ob nicht Beten weiter verbreitet sein könnte als der Glaube ... Beten würde heißen: Gott um Gott bitten. Dann würde ich fragen, wer von uns - sehr verehrter Herr Kardinal, Sie eingeschlossen - kann sich da, bei aller Kompetenz, zutrauen zu sagen, wo eine Sprache der Menschenkinder anfängt und wo eine Sprache der Menschen aufhört, in der sie Gott um Gott bitten? ...

Ratzinger: Sie haben einen ganz großen Bogen gespannt und mehr als Theoretisches, wirklich unser Herz Bewegendes gesagt ... Jesus lehrt uns, im Gebet nicht zu bescheiden zu sein; nicht um dieses oder jenes bitten, sondern die Gabe Gottes ist Gott selbst, um die wir im Gebet bitten sollen, womit wir wieder ganz bei der Zentralität des Gottesthemas sind ...

Was die hamartologische Überlastung und sagen wir: die moralische Überanstrengung der christlichen Botschaft angeht, würde ich beides unterscheiden. Ich glaube in der Tat, daß es eine moralische Überanstrengung des Christentums gibt. Eben weil die Botschaft von Gott, die Bezeugung, daß er selbst ein Handelnder ist und kein bloßer „Horizont", zu schwach geworden ist. Im Grunde steckt etwas vom Deismus in uns allen: daß wir uns Gott nicht mehr als ein wirklich handelndes Subjekt in der Geschichte - vielleicht eher im Subjektiven, aber dann eben nur noch im Subjektiven - vorstellen.

Wenn das geschieht, wenn wir letzten Endes nicht mehr annehmen, daß Gott wirklich in die Geschichte eintritt und trotz aller Naturgesetze und allem, was wir wissen und können, dennoch das Subjekt der Geschichte, handelnd in der Geschichte bleibt, wenn wir ihn zu einem unbestimmten Horizont umwandeln, der irgendwie das Ganze feierlich abschließt, dann handeln eben nur wir. Dann liegt die ganze Last des Guten und des Bösen ausschließlich auf uns. Dann nimmt der Moralismus, die moralische Anforderung an den Menschen, eine Form an, die uns erdrücken muß und die wir dann letztlich auf Gott zurückführen und gegen die wir revoltieren. Diese Scheu davor, Gott selber als Handelnden anzuerkennen, hat zu dieser Überlastung des Menschen geführt, deren Konsequenzen wir sehen und auch täglich in unserem Mühen, Christen zu sein, spüren.

Deswegen scheint es mir so wichtig, wieder zu hören, daß Gott selber uns anredet und sagt: Deine Sünden sind dir vergeben …; daß es wirklich das gibt, was Gnade heißt. Und in dem Punkt, glaube ich, haben wir auch Grund, auf Luther zu hören …, daß nicht nur der Anspruch an mich und mein Handeln da ist, und auch nicht nur der an die Menschheit oder an welches Subjekt auch immer, sondern daß vor allen Dingen eine Tat Gottes da ist und mich verwandeln kann …

Es muß, so denke ich, dabei bleiben, daß Schuld aus Freiheit kommt …, daß die Schöpfung vom Risiko der Freiheit geprägt ist, daß wir Gottes Logik letztlich nicht verstehen können, weil uns manchmal scheint, der Preis sei wirklich zu hoch gewesen; aber daß es eben den Grund des Bösen in der Tat des Menschen gibt und Leid dadurch unerträglich wird, daß es mit Unrecht, mit der Macht des Unrechts zusammenhängt. Und so meine ich, daß bei Augustinus … die Dinge doch irgendwie im Gleichgewicht sind, daß er zwar die Macht der Schuld sehr stark herausgestellt hat, aber ihr doch nicht das letzte Wort läßt …, weil er den Blick auf Christus richtete und wußte, daß unser Leid von ihm nicht nur angeblickt, sondern geteilt wird, und daß es eine für uns nicht nachrechenbare, aber doch wirkliche Macht Gottes, d.h. eine Macht des Erbarmens gibt, die uns dennoch leben und des Lebens froh werden läßt.

Meine Frage war die: Sie haben von der Wahrnehmung des fremden Leidens gesprochen. Zu Recht … Mich bewegt da immer dieses wundervolle Wort des Origenes: Gott kann nicht leiden, aber er kann mitleiden. Gehört zum Leidensgedächtnis nicht doch auch, daß wir den mitleidenden Gott - logisch nicht systematisierbar, aber uns doch im Innersten treibend - erkennen? Wenn wir nur das ungelöste Leiden wahrnehmen, kann nur der Schrei des Zorns übrig bleiben und die Verzweiflung an der eigenen Existenz. Wir können uns der Leidenswahrnehmung überhaupt nur aussetzen, weil in allen Leiden ein Mitleidender gegenwärtig ist. Wenn es das nicht gibt, dann muß man die Augen schließen, dann bleibt eigentlich nur der Weg des Buddha … Die Augen offenhalten können wir nur, weil in den Leiden Gott wahrnehmbar ist.

Metz: Ich weigere mich, das Leidensthema in Gott hineinzutragen … Ich plädiere dafür, das Mysterium des Leidens dem Menschen zu lassen und es Gott gar nicht erst zu gönnen, sondern mit ihm im betenden Streit zu bleiben, der eigentlich nicht aufgehoben werden kann - natürlich auch wissend um den vergebenden Gott. Ich halte mit Unerbittlichkeit an der Allmacht Gottes fest - nicht im Sinne der stoischen Philosophie, wo Gott apathisch gegenüber der von den Menschen tagtäglich empfundenen Leidensgeschichte bleibt. Die Macht Gottes, wie wir sie aus den biblischen Traditionen kennen, ist, daß vor ihm auch die vergangenen Leiden nicht sicher sind. Gemeint ist die Verbindung mit der Auferstehungshoffnung und der Gerichtsfrage, die ich nur sehr vorsichtig angesprochen habe. Aber sie, so glaube ich, spielt gegenüber dem reinen Freiheitsgedanken eine ganz wichtige Rolle - um das Pathos der Gottesgerechtigkeit aufrechtzuerhalten und um weder dem von Ihnen angesprochenen Konzept des Marxismus noch dem des Liberalismus nachzugeben.

Ich möchte sagen …, daß die Theodizeefrage den Kummer darüber zum Ausdruck bringt, wie wenig Warten und Erwartung, wie wenig Neugier auf noch Unereignetes und Ungesagtes im Christentum lebt: Neugierde auf Gott - verbunden mit der Gewißheit, daß es in jedem Fall ein Attentat auf Gott selbst wäre, wenn die Theologie versuchen würde, eine Rechtfertigungsformel für Gott angesichts der Leiden der Menschen zu finden und diese womöglich auch noch doktrinell vorzutragen. Wenn es denn eine Rechtfertigung Gottes gibt – so lehrt uns doch alle biblische Tradition –, dann die, daß Gott sich an seinem Tag selbst rechtfertigt …

Jürgen Moltmann

Vom Anfang der Zeiten in der Präsenz Gottes

Statement

Für die Wahrheit der Theologie in Freiheit

Johann Baptist Metz hat uns 1967 das Stichwort der „neuen Politischen Theologie" gegeben. Viele sind ihm mit eigenen Überlegungen gefolgt, andere „sahen einen Gegensatz heraufziehen, der tief gehen konnte."[1] Politische Theologie soll nach Metz „eine Theologie mit dem Gesicht zur Welt" und „eine Gottesrede in dieser Zeit" sein und hat also gar nichts mit der befürchteten „Politisierung der Theologie" zu tun. Sie entstand weder aus dem politischen Katholizismus, noch aus einem „marxistischen Messianismus". Sie nimmt aber neben dem kirchlichen Mandat das politische Mandat der christlichen Theologie wahr. Ist die Kirche das „messianische Volk"[2] des kommenden Reiches Gottes, dann kann Theologie nicht nur eine „Funktion der Kirche" sein, sondern muß wie diese selbst zu einer Funktion des Reiches Gottes in der Welt werden. Sie hat dann in der Gemeinschaft der Kirche eine eigene Verantwortung, die ihr keiner abnehmen kann und die von der Kirche um des kommenden Reiches willen respektiert werden muß.

Das Forum der Politischen Theologie ist die Öffentlichkeit einer gegebenen Gesellschaft. Sie mischt sich kritisch und prophetisch im Namen der Gerechtigkeit Gottes in die *res publica* ein (Barmen, These 5). Das geschieht in öffentlicher Gottesrede, öffentlicher Gottesklage und öffentlicher Gotteshoffnung. Also gehört sie auch in die geistige Öffentlichkeit der Universität in Gestalt einer katholisch- und evangelisch-theologischen Fakultät. Die

[1] J. Ratzinger: Aus meinem Leben, Freiburg 1998, 138.
[2] Zweites Vatikanisches Konzil: Konstitution über die Kirche, Kap. 2.

Gemeinschaft der Kirche bleibt ihr Subjekt, das Reich Gottes ihr Projekt, die Bürgergemeinde ihr Kontext und die geistige Situation der Zeit ihr Kairos.

Es ist ungerecht, der Theologie an staatlichen Universitäten „Staatstheologie" vorzuwerfen mit der Absicht, die theologischen Fakultäten aus ihnen auszugrenzen und sie zu verkirchlichen, so daß nur neutrale Religionswissenschaft in ihnen zurückbleibt. In Demokratien sichern die staatlichen Universitäten der Theologie „die Freiheit von Forschung und Lehre". Als die Nationalsozialisten diese Freiheit an deutschen Universitäten zerstörten, war es richtig, Kirchliche Hochschulen zu gründen, weil in solchen Diktaturen die Kirchen zu den letzten Freiräumen der Wahrheit werden können. Heute aber ist dieser Freiraum der Wahrheit von anderer Seite bedroht: In Osteuropa sind nach dem Zerfall der sozialistischen Diktatur und Ideologie von Tartu bis Bukarest die ausgesonderten theologischen Institute als Fakultäten in die Universitäten zurückgekehrt; in Westeuropa aber drängen Atheisten und Fundamentalisten, Laizisten und Teile der katholischen Hierarchie auf die Säkularisierung der Universitäten und die Verkirchlichung der Theologie nach französischem, spanischem und italienischem Vorbild. Das aber wäre das „Ende der Zeit" für jede öffentliche oder politische Theologie. Das aber hätte die Politische Theologie trotz ihrer Fehlbarkeit, die sie mit allen Theologien teilt, nicht verdient.

Es gibt an theologischen Fakultäten gelegentlich Gewissenskonflikte zwischen dem kirchlichen und dem wissenschaftlichen Mandat der Theologie. Die „Freiheit von Forschung und Lehre" dient der Erkenntnis und Verbreitung der Wahrheit, in diesem Fall der theologischen Wahrheit. Allein „die Wahrheit wird euch frei machen" (Joh 8,32) und eure Freiheit bewahren. Kirchliche Vorgaben, Treueide und Instruktionen wie das Motu proprio „Ad tuendam fidem" von 1998 sind bei getauften Christen unnötig. Wenn man sie aber für nötig hält, sind sie auf freie Zustimmung aufgrund eigener Überzeugung angewiesen, nicht auf erzwungene Zustimmung aufgrund angedrohter „Strafen" oder angedrohten Missio-canonica-Entzuges. Es gibt nach gemeinchristlicher Überzeugung im Allgemeinen Priestertum aller Gläubigen (Männern und Frauen) auch ein gemeinsames Theologentum und ein gemeinsam zu verantwortendes Magisterium der Kirche: „Wir sind Kirche!" Theologie und Kirche leben halbherzig, wenn Frauen von Ämtern ausgeschlossen werden. Es kann also nur die gemeinsame Verantwortung aller Glaubenden, Theologen und Bischöfe sein, den Glauben „zu schützen", wenn er denn unseres Schutzes bedarf und nicht wir des seinen.

Wahrheit braucht auf Erden den Freiraum des Vertrauens. Sie lebt nur in einer Art „herrschaftsfreier Kommunikation". Im Konsens blüht sie, im Zwang verdirbt sie. Zensierte Gottesrede ist keine freie Gottesrede und kann darum auch keine wahre Gottesrede sein. Sie verhindert ja auch keine verunglückte Gottesrede. Um es beim Namen zu nennen: Umstrittene Theologen wie Rudolf Bultmann, Hans Küng, Leonardo Boff und die vielen anderen bleiben im Rat und in der Gemeinschaft der Theologen, in der es um die Wahrheit geht, auch wenn ihre Freiheit von der Kirche eingeschränkt wird. Die Kirche darf um Gottes willen der Wahrheit nicht weniger, sondern muß ihr mehr Freiheit geben, als „die Welt" es tut.

Moderne Zeitnot

„Wenn zwei dasselbe sagen, ist einer überflüssig" (russisches Sprichwort). Ich gehe darum von einer etwas anderen Zeitanalyse aus als Johann Baptist Metz. Es ist nicht die „endlos weiterlaufende Zeit" der biologischen Evolution und des menschlichen Fortschritts, die Menschen heute noch fasziniert und sie blind für Gefahren und stumpf für Katastrophen macht. Es ist der *Verlust des Zeitvertrauens*. Niemand weiß, ob er oder sie eine Zukunft haben. Keiner weiß, ob das nukleare Ende plötzlich oder das ökologische Ende langsam über uns kommt. Die Zerfallszeiten des nuklearen Abfalls hier in Ahaus sind so unvorstellbar lang, daß man sie ohnehin nicht bewachen kann.

Vor zwanzig Jahren machten wir uns noch Sorgen um die Zukunft. Abgesehen von der Pop-Apokalyptik des Jahres 2000, sind gute und schlechte Zukunftserwartungen heute verschwunden. Es bleibt nur die Gegenwart. „THE FUTURE IS NOW", sagt die Computerreklame und verspricht, die alten Wünsche des Menschen nach Allgegenwärtigkeit und Gleichzeitigkeit zu erfüllen. Wir überwinden die Abstände in Räumen und Zeiten mit Hochgeschwindigkeitszügen und der Concorde, durch E-Mail und Handy, Fax und Internet, TV und Video und die virtuelle Welt im Cyber-Space. Das scheint der neue Gotteskomplex der modernen Menschen zu werden: Ich werde allgegenwärtig in allen Räumen und allen Zeiten gleichzeitig. Ist das möglich, dann wird mir die Zukunft egal, und ich vergesse die Vergangenheit.

Alle erreichbaren Fakten und Daten der Vergangenheit werden in Datenkarteien oder im Internet gespeichert. Jeder kann sie jederzeit abrufen und sich vergegenwärtigen. Der Raum hebt die Zeiten auf. Aus offenen, unabgeschlossenen Prozessen der deutschen Geschichte z.B. hat man das „Haus der Geschichte" in Bonn gemacht. Dort ist alles zugleich gegenwärtig, was einmal nacheinander geschah. Unser altes Dorf wird zum „Museumsdorf". Die historischen Ausstellungen bieten uns „Einen Tag bei den Steinzeitmenschen" oder „Das Mittelalter zum Anfassen": Folklore für Touristen. Die lebendige Vergangenheit wird aus der zeitlichen Erinnerung in die allgegenwärtige Anschauung überführt. Durch ihre Musealisierung beenden wir die Zeit der Geschichte. Die Fakten kommen zu den Akten und die Akten zu den Datenbanken der Gegenwart. Computer und Internet vergegenwärtigen auch die Zukunft. Was einst in der Zeit der Geschichte unbekannte, überraschende und darum gefährliche und also zu wagende Zukunft war, wird in Gegenwartsmöglichkeiten überführt, die durch Computersimulationen abgeschätzt werden können. Die zu erwartenden zukünftigen Zeiten werden zu gegenwärtig kalkulierbaren Möglichkeiten. Damit wird die Gegenwart der Zukunft mächtig.

Den großen Boom dieses Gotteskomplexes werden wir im Jahr 2000 erleben können, am besten im Millennium-Dom in London. Dort wird man durch alle Zeitalter der Menschheit von „Lucie" bis Einstein wandern können und in Computerbahnen alle erwünschten und unerwünschten Zukünfte der Menschheit durchspielen.

Man wird auch den „Großmenschen" von innen durchschauen können, seine Muskeln und Nervenstränge und sein Computergehirn. Es wird nichts Modernes geben, was es dort nicht gibt. Disney-Land wird zum altmodischen Jahrmarkt verblassen. Wer nicht nach London will, kann Ähnliches auch auf der EXPO 2000 in Hannover erleben. Wir werden uns auf diesen Weltausstellungen wie Götter allgegenwärtig und gleichzeitig fühlen.
Aber unsere Lebenszeit ist doch befristete Zeit, endlich, kurz und flüchtig. Wie können wir die Fülle der modernen Weltmöglichkeiten ausschöpfen? Die Antwort ist einfach: Mehr Tempo, presto, schneller leben, „bleib' auf der Überholspur, laß' dir nichts entgehen". Überall up to date und präsent sein, und was überall zu sehen ist, auf Video oder Dias aufnehmen, dann ist man bei allen Dingen, und alle Dinge sind bei einem.
Aber was ist mit dem Tod, wenn er kommt und uns sagt: Deine Zeit läuft ab, Ende deiner Zeit? Auch kein Problem: Stirb rasch und schmerzlos. Der „jähe Tod", im Mittelalter so gefürchtet, ist zum medizinisch machbaren Freund geworden. Und danach? Auch kein Problem: Die anonyme Beerdigung ist zum Ritual des Verschwindens in unserer Zeit geworden. In Hamburg sind es 25%, in Ostberlin 50% und in Chemnitz 75% aller Beerdigungen. „Und ihre Stätte kennt man nicht mehr …" (Ps 103,16).

Die Fülle der Zeit

Die Provokation der Rede von Gott entsteht nicht aus Anpassung, sondern aus dem Kontrast. Ich stelle darum die christliche Gotteserfahrung dem modernen Traum allgegenwärtiger Gleichzeitigkeit gegenüber. Das Evangelium ist eine „Zeitansage" (Metz). Ich werde darum die christliche Präsenzerfahrung nicht spekulativ oder mystisch entwickeln, sondern an den Zeiterfahrungen Christi ablesen.
1. „Als die Zeit erfüllt war, sandte Gott seinen Sohn …" (Gal 4,4), und „es kam die Zeit, da sie gebären sollte …" (Lk 2,6). Zeit „erfüllt" sich danach im Kommen Christi in diese Welt. Welche

Zeit? Wessen Zeit? Für die politischen Hoftheologen Konstantins wie Eusebius von Caesarea war es die Zeit des Römischen Reiches, die unter Augustus ihren Höhepunkt erreichte. Als dieser Kaiser Frieden unter die Völker brachte (Pax Romana), sandte Gott den Heiland in die Welt (Pax Christi). Aus dieser providentiellen Zusammenfügung irdischer und himmlischer Monarchie entsteht dann das *Imperium sacrum*, nach Dan 7 „die fünfte Monarchie", das Reich des Menschensohns und der Heiligen des Höchsten zur Vollendung der Weltgeschichte und zur Beendigung der Weltzeit. Da aber „der Heiland" der Völker doch nicht als Römer in Rom, sondern als Jude in Betlehem geboren wurde, handelt es sich in Wahrheit um die Erfüllung der Zeit Israels. Die Zeit des Wartens auf die Erfüllung der Bundesverheißungen Gottes ist zu Ende, Israels „Nacht (unter dem ‚verborgenen Angesicht Gottes') ist vorgerückt, der Tag (mit Gottes ‚leuchtendem Angesicht') ist nahe herbeigekommen", wie es Paulus in Röm 13,12 in seiner Zeitansage ausdrückt. In der „Fülle der Zeit" geht diese Vergangenheit zu Ende, und es beginnt eine qualitativ neue Zukunft: Aus Gottesferne wird Gottesnähe, aus dem schmerzlichen „Vermissen Gottes" (Metz) wird die Erfahrung seiner umfassenden, lebendigmachenden Geistesgegenwart (Ps 139). In der „Sendung seines Sohnes", wie Paulus formuliert, kommt Gott selbst in die Zeit. In seiner Christus-Schekhina „wohnt" der Ewige unter uns, in seinem lebendigmachenden Geist „wohnt" er in unseren sterblichen Leibern. Zeit wird durch das bestimmt, was in ihr geschieht. Jedes Ding hat seine Zeit. Wie wird Zeit bestimmt durch die Präsenz und Einwohnung Gottes in ihr?

2. Nachdem der Täufer gefangengesetzt war, kam Jesus nach Galiläa und verkündete: „Die Zeit ist erfüllt: das Reich Gottes ist gekommen" (Mk 1,15). Das ist *messianische Zeitansage*: Die verheißene Zeit ist da. „Heute" ist diese Schrift – das ist die Prophetie des Jesaja vom Messias und dem messianischen Sabbat (Jes 61,1-2) – „erfüllt", vor euren Ohren, proklamiert Jesus (Lk 4,18). „Heute" ist diesem Haus Heil widerfahren, sagt er zu dem Oberzöllner Zachäus, nicht ohne hinzuzufügen: „denn der Menschensohn ist gekommen, zu suchen und selig zu machen, was verloren ist". Wahrlich,

„heute“ wirst du mit mir im Paradies sein, wird dem Mitgekreuzigten gesagt (Lk 23,43). Die Ankunft der Reichspräsenz Gottes „erfüllt“ die Zeit. An der Zeitansage „heute“ sind keine Abstriche zu machen und keine Relativierungen mit irgendeinem Vorbehalt („aber noch nicht“) vorzunehmen. Diese Gottespräsenz ist ungeteilt und unteilbar. Sie ist keine Erwartung, auch keine „Naherwartung“, sondern Realpräsenz.

3. Das gleiche „Heute“ finden wir in der apostolischen Evangeliumsverkündigung. Gegenwart ist der *Kairos des Heils*. „Jetzt ist die angenehme Zeit“, sagt Paulus (2 Kor 6,2) und nimmt die von Jesus in seiner Nazaret-Predigt (Lk 4,16ff) angesagte „angenehme Zeit Gottes“ wieder auf. Auch mit dem apostolischen Evangelium wird die Zeit des messianischen Sabbat angesagt. „Heute ist der Tag des Heils.“ An diesem kairologischen Zeitverständnis endet die chronologische Zeitlinie, auf der alle Zeiten gleich gültig sind. Jedes Ding hat seine Zeit, und das Heil die Gegenwart.

4. Zwischen dem Kairos der Reichsverkündigung Jesu und dem Kairos der apostolischen Christusverkündigung liegen die Tiefendimensionen apokalyptischer und eschatologischer Zeiterfahrung. Da ist auf der einen Seite „die Stunde gekommen, in der der Menschensohn in die Hände der Sünder (der heidnischen Römer) ausgeliefert wird“ (Mk 14,41). Es kommt „die Nacht, da niemand wirken kann“ (Joh 9,4). Wir hören die Klage Jesu: „Konntet ihr nicht eine Stunde mit mir wachen?“ (Mt 26,40). Während dort noch vom „Tag“ des Heils die Rede war, handelt es sich hier nur um „eine Stunde“. Doch in dieser Stunde der absoluten Verlassenheit kann kein Mensch „wachen“. Wir haben keine offenen Augen dafür, das „abgewendete Angesicht Gottes“ zu ertragen und in seiner alles ins Nichts versenkenden Abwesenheit für Gott zu „wachen“. Dafür aber „wacht“ Jesus in Getsemani in dieser „Stunde“ und schreit er am Kreuz. In dieser Stunde der Gottesfinsternis endet nicht nur eine Zeit oder seine Zeit, sondern die Zeit der Welt, jede Zeit. Darum werden die Begleitumstände seiner Verlassenheit in Getsemani und Golgota apokalyptisch ausgemalt. Endet die Zeit überhaupt, dann endet jedoch auch die Welt, die *cum tempore* geschaffen wurde und *sine tempore* vergeht.

Unvorstellbar ist auf der anderen Seite auch jener „eschatologische Augenblick" der Auferweckung des verlassenen und toten Jesus in „das Leben der zukünftigen Welt". Denn auch für diesen „Augenblick" haben wir keine Augen. Niemand hat den Vorgang selbst gesehen, aber der Auferstandene „ließ sich sehen". Es war Paulus, der dafür das Bild vom „Augenblick" verwendet hat: „Plötzlich – in einem Augenblick – beim Ton der letzten Posaune" (1 Kor 15,52) werden die Toten auferweckt und verwandelt werden.

Dieser „eschatologische Augenblick" ist nicht identisch mit dem „Kairos des Heils" in der Zeit, sondern ist das Ende der Zeit im Anfang der Ewigkeit. Es war Kierkegaards und Bultmanns Irrtum, beide zu verwechseln und die Gegenwart in der Zeit zum „Atom der Ewigkeit" zu machen. Der „eschatologische Augenblick" ist der Moment, in welchem vergängliche Zeit (chrónos) in ewige Zeit (aevum) verwandelt wird, aus sterblichem Leben ewiges Leben und aus zeitlicher Schöpfung neue Schöpfung wird. Das Christliche bringt Eschatologie in die Apokalyptik: im Ende – der neue Anfang.

Gottespräsenz in der modernen Zeitnot

Allgegenwärtig und gleichzeitig zu werden ist eine quantitative Ausdehnung der Gegenwart in die Vergangenheit und in die Zukunft. Die Überführung der Vergangenheit in die Datenbanken der Gegenwart verdrängt die unerledigten Prozesse der Geschichte. Die Überführung der offenen Zukunft in die Möglichkeiten der Gegenwart verdrängt das Überraschende und Neue aus der Zukunft. Wie alle Verdrängungen, so kommen auch diese Verdrängungen der Geschichte aus Angst und verbreiten Blindheit gegenüber dem Anderen und Fremden.

1. Die erste Wirkung der Präsenz Gottes im Kairos der Gegenwart ist in der Reduzierung der menschlichen Gegenwart auf ein menschliches Maß zu sehen. In dieser Gotteserfahrung werden, wie Luther sagte, aus „unglücklichen und stolzen Göttern" wahre Menschen, denn wir nehmen im Gegenüber Gottes – *Gott, der da*

ist – unsere Grenzen wahr. Wir werden nicht aus Raum und Zeit entrückt und selber unendlich, sondern kommen auf unseren Raum und unsere Zeit zurück und werden endlich. In der Gottespräsenz erfahren wir das Ende unserer Vergangenheit und den Anfang unserer Zukunft. Die durch das moderne „Ende der Zeit" provozierte Gottesrede ist *Rede von Gott zur Eröffnung der Zeiten*.

2. Der Kairos des Heils kann nur heilbringend sein, wenn er Kräfte zur *Heilung von Erinnerungen* persönlich und kollektiv bringt. Seine Wiedereröffnung der Geschichte räumt das „Haus der Geschichte" und nimmt Geschichte in den unabgeschlossenen, ungesühnten und unversöhnlichen Prozessen der Vergangenheit wahr. Nichts „vergeht mit der Zeit", alles, was war, ist gebend und fordernd in den Tiefenschichten der Erinnerung präsent: die verunglückten Geschichten, die verpaßten Gelegenheiten, die versäumten Möglichkeiten. Wenn die Archive geöffnet werden, werden die Prozesse wieder aufgerollt und die Fehlurteile revidiert.

Aber es sind auch die Hoffnungen vergangener Generationen, in deren Horizont sich die Nachgeborenen dann einfinden. Es gibt so viel Zukunft in der Vergangenheit, die das Vergangene nicht vergangen sein läßt. Die Präsenzerfahrung des *Gottes, der da ist*, bringt uns auf die „Suche nach der verlorenen Zeit" im *Gott, der da war*. Seine Präsenz in den Schrecken der Vergangenheit heilt unsere schmerzlichen Erinnerungen und löst die Verdrängungen auf, mit denen wir uns von ihnen distanzieren. Durch das moderne „Ende der Geschichte" wird Gottesrede zur *Eröffnung der vergangenen Geschichte* provoziert.

3. Können wir Erinnerungen der Vergangenheit wieder zulassen, dann werden wir sie auch wieder mit unseren Hoffnungen auf Zukunft verbinden. Ohne Erinnerung keine Hoffnung, ohne Hoffnung keine Erinnerung. Vergangenheit und Zukunft sind geschichtlich ineinander verschränkt. Die vom modernen „Ende der Zukunft" (im Slogan: „The future is now") provozierte Gottesrede ist Eröffnung neuer Zukunftshorizonte, denn sie ist die Rede von dem *Gott, der da kommt*. In seiner Zukunft öffnen sich Perspektiven auf die endgültige Gerechtigkeit, in der Opfer und Täter der menschlichen Geschichte zusammengebracht werden. Es öffnen

sich Perspektiven auf die Neuschöpfung aller Dinge, die hier unwiederbringlich zerstört worden sind. Es wartet eine Zukunft über den persönlichen Tod hinaus, die uns nicht anonym verschwinden läßt. Die von der modernen Zeitangst provozierte Gottesrede schafft *Zeitvertrauen*.

4. Nicht zuletzt erweckt die Geistesgegenwart Gottes in der Zeit bei uns die *Tugend der Gelassenheit*. Wir werden immun gegen das grassierende und künstlich entfachte Millenniumsfieber. Das Jahr 2000 ist kein Triumph, es tut sich auch kein Abgrund auf. Bereiten wir uns lieber auf „the day after" vor. Wer der Gegenwart des Ewigen gewiß wird, hat viel Zeit. Wir müssen nicht schneller leben, um mehr vom Leben zu haben, wir werden im Gegenteil langsamer leben, um das Leben tiefer zu erfahren. Nur wer verweilen kann, erlebt etwas. Nur wer langsam ißt und trinkt, ißt und trinkt mit Genuß. In der Gegenwart Gottes werden auch wir ganz und gar präsent und erleben den Augenblick mit ungeahnter Intensität. Das „Dunkel des gelebten Augenblicks" nannte der junge Bloch noch „das Dunkel des gelebten Gottes". Gott „wohnt" schon in der Zeit. Jeder Sabbat und jeder Sonntag und jeder wahrgenommene Kairos führen in die Gegenwart des Ewigen, der uns Zeit läßt.

Eveline Goodman-Thau

Geschichtsschreibung als messianische Hermeneutik

Statement

Es liegt im paradoxalen Charakter des Judentums, aus dem Gegensatz zu leben, seine Heimat in der Zeit und in der Ewigkeit, im Diesseits und im Jenseits zu haben. Die Grundlage dieser Erfahrung, die von den frühen Anfängen bis zum heutigen Tag prägend war, liegt im religiös-sittlichen Drama des Judentums, in dem Gott, der Einzige, Himmel und Erde aus dem Nichts schuf und durch seine Offenbarung den Bestand der Welt garantiert. An die Stelle des kosmischen Mysteriums tritt der Mensch, jeder Mensch und die gesamte Menschheit, als Träger des Gottesgedankens. Die Macht des Ethos ist dem Menschen anvertraut, und das moralische Drama, die Tat des Ethos, wird der Mittelpunkt des Lebens. Die Erschaffung der Welt, der Weltgedanke Gottes selbst, findet im Menschen seinen Ausdruck und bringt so das Wort Gottes zur Verwirklichung.

Ein Gott der Geschichte

Das Schicksal der Welt ist von nun an mit dem Schicksal Gottes verbunden; der Widerstreit von Sein und Nichtsein ist für immer geschlichtet, die Weltordnung des Menschen begründet. Natur und Mensch gewinnen so eine zeitliche Dimension, in der die Idee der Geschichte geboren wird. Der gesamte Messianismus, wie ihn die Propheten lehren, ist nur die Entfaltung dieser von Gott bestimmten und in der Zeit sich offenbarenden Ausrichtung des Daseins. Insofern ist der Gott Israels tatsächlich ein Gott der Geschichte. Es ist der Gedanke eines geschichtlichen Prozesses, getragen von Gerechtigkeit und Ethos, der das Judentum trägt und den es den Völkern vermittelt hat. Stets muß zwischen Verheißung und Erlösung eine Spanne Zeit vergehen, muß Leben gezeugt und gestaltet, muß endlich die Historie gebildet werden. Aber einmal schlägt auch die große Stunde, da die Ewigkeit, wie am Anfang, in die Zeit einbricht und Diesseits und Jenseits vereint.

So kennt das jüdische Volk, anders als andere Völker, keine Geschichtsschreibung im klassischen Sinn. Nicht die Tatsachen der Geschichte waren ihm wichtig, sondern die Art und Weise, wie der Mensch seine Geschichte, den Ort, wo sich Geschichte und Biographie kreuzen, erinnert, wo der Mensch als erinnerndes Individuum ein Glied in der Kette des kollektiven Gedächtnisses wird. Die Erinnerung an den Auszug aus Ägypten, die Tasache des Eingreifens Gottes in die Geschichte Israels, wird zur Chiffre des jüdischen Gedächtnisses, wo erinnerte Geschichte zur Erlösung führt; die Erlösung aus dem Sklavenhaus Ägyptens ist eine Vorwegnahme der endgültigen Erlösung am Ende der Tage.

Das Vergessen, Gegenteil des Gedächtnisses, hat das große Erschrecken zur Folge, die Angst der Gottesferne und den drohenden Untergang. „Hüte dich!, daß du deinen Gott nicht vergißt, unbeachtet läßt seine Gebote, seine Rechtsgeheiße wie seine Satzungen …, daß du vergißt ihn, deinen Gott, der dich aus Ägypten, dem Sklavenhaus, führte … Aber es wird geschehen, solltest du ihn, deinen Gott, vergessen – vergessen und hinter anderen Göttern herlaufen …, ich bezeuge es heute gegen euch, daß ihr zugrundegehen müßt!" (Dtn 8,11–19)

In der Wiederholung der Begegnungen mit Gott bei der Wüstenwanderung, der Offenbarung am Berg Sinai und dem Einzug in das gelobte Land finden wir eine Grundform für die Weitergabe der Tradition, wie sie im biblischen Kanon und ihrer Erweiterung in Midrasch und Talmud zur Tora (Lehre) geworden ist.[1] In der Bibel wird die Begegnung Gottes mit seinem Volk in der Form einer Geschichte erzählt, die zwar einen Anfang, aber kein Ende hat. Die fünf Bücher Mose beginnen: „Am Anfang schuf Gott Him-

[1] Die jüdische Tradition basiert, wie auch andere religiöse Überlieferungen, auf einem schriftlichen Kanon, der sowohl die Geschichte des Volkes Israel beinhaltet, als auch die Grundlage für den jüdischen Glauben bildet.

mel und Erde" (Gen 1,1), und sie enden mit den Worten: „Und es stand hinfort kein Prophet mehr auf wie Mose, den Gott kannte von Angesicht zu Angesicht; mit all den Zeichen und Wundern, zu denen der Herr ihn gesandt hatte und die er in Ägypten am Pharao und all seinen Großen und seinem ganzen Land täte; mit all der mächtigen Kraft und den schrecklichen Taten, die Mose vollbrachte vor den Augen ganz Israels." (Dtn 34,10–12)

Messianische Tradition

Anfang und Ende meinen hier keine rein zeitliche Dimension, sondern ein Ereignis: die Begegnung Gottes mit dem Menschen Mose, in einem „Erkennen von Angesicht zu Angesicht". Die Zeit und der geographische Ort Ägypten haben nur deshalb Bedeutung, werden sozusagen nur dadurch sichtbar, daß dort Gott Mose erkannt und vor seinem Volk, „vor ihren Augen", alle Zeichen und Wunder gewirkt hat. Zeugen waren nicht nur das jüdische Volk, sondern auch der „Pharao und all seine Großen und sein ganzes Land". Und eben dieses Zeugnis eröffnet die Möglichkeit der Interpretation. Wir haben es also nicht mit einem Ende, sondern einer Öffnung, einem Anfang zu tun: Die Zeichen müssen ausgelegt werden.

Der letzte Prophet in der jüdischen Bibel ist der Prophet Maleachi. Aber auch dieses Ende stellt keinen Abschluß, sondern eine Hoffnungsbotschaft für die Zukunft dar und schließt mit den Worten: „Gedenket des Gesetzes meines Knechts Mose, das ich ihm auf dem Berg Horeb für ganz Israel auferlegt habe, aller Gebote und Rechte. Siehe, ich will euch den Propheten Elija senden, ehe der große und schreckliche Tag Gottes kommt. Er soll das Herz der Väter bekehren zu den Söhnen und das Herz der Söhne zu ihren Vätern, auf daß ich nicht komme und das Erdreich mit dem Bann schlage." (Mal 3,22–24)

Die Botschaft des letzten Propheten appelliert an die Botschaft des ersten. Maleachi (mein Engel) spricht zusammen mit Mose (der aus dem Wasser gezogene, Erstgesandte Gottes) zu seinem

Volk und mahnt es, sich vorzubereiten auf den letzten Tag. Aber es geht nicht nur um eine Rückkehr zu Gott, d.h. um das Einhalten seiner Gebote, also das Eingedenken von Vergangenem. Es geht darum, „das Herz der Väter zu bekehren zu den Söhnen, und das Herz der Söhne zu ihren Vätern", also eine Brücke zu bauen zwischen Anfang und Ende, kurz: im religiösen Sinn eine messianische Tradition zu stiften. Nur wenn die Generationen sich erneuernd befruchten, geht Gottes Wort durch die Zeiten und führt zur Erlösung. Dann erst werden Väter und Söhne Zeugen Gottes sein. Es handelt sich hier also nicht nur um die Versöhnung von Vätern und Söhnen, sondern um die Möglichkeit der Erneuerung und Verwandlung, die die geschichtliche Zeit aufbricht für eine messianische Zukunft.

Die biblische Geschichtsschreibung, als Quelle der Erinnerung, ist auch die Grundlage der messianischen Hermeneutik bei der Interpretation. Der Talmud betont, daß der Prophet Elija kommen wird, um Traditionen aus unterschiedlichen Epochen zu vereinen: „R. Jehoschua sagte: Ich habe vom R. Jochanan, Sakkais Sohn, empfangen, was dieser von seinem Lehrer und dessen Lehrer von seinem Lehrer als eine Tradition Moses von Sinai gehört hatte: Elija kommt nicht, um für mangelhaft und für tauglich zu erklären, um auszuschließen und aufzunehmen, sondern nur um auszuschließen, was gewaltsam aufgenommen, und um aufzunehmen, was gewaltsam ausgeschlossen wurde … Und die Weisen sagen: Nicht auszuschließen und nicht aufzunehmen, sondern Frieden zu stiften unter ihnen, denn es heißt: ‚Siehe ich sende euch Elija, den Propheten …, daß er umkehren lasse der Väter Herz zu den Söhnen und der Söhne Herz zu den Vätern'. R. Schimon sagt: ‚um den Streit zu schlichten'."[2]

[2] (Mischna Edujot 8, 7). Die Vorbereitung auf die Ankunft des Messias bedeutet nach diesem Text also nicht Auflösung des Gesetzes, sondern Korrektur innerhalb der Tradition, um Meinungen, die durch Mehrheitsbeschluß entweder aufgenommen oder ausgeschlossen wurden, zu berücksichtigen. Der Streit zwischen den Rabbinen um die Auslegung der Heiligen Schrift wird beendet, um durch die Erkenntnis, daß alle Meinungen „Worte des lebendigen Gottes" sind, Frieden zu stiften unter Vätern und Söhnen.

Im jüdischen Gebet, wo der gelernte Text der Tora gebeteter Text wird – die jüdische Liturgie ist ganz und gar auf Sprache und Inhalt der Bibel aufgebaut und gilt als mündliche Lehre –, findet Geschichte als erinnerte messianische Grunderfahrung ihren tiefsten Ausdruck. Im uralten jüdischen Morgengebet heißt es: „Gott erneuert in seiner Güte Tag für Tag und immerfort das Werk der Schöpfung." Wie Gott stets seine Schöpfung erneuert, so erkennt der Mensch jeden Tag aufs neue seinen Bund mit Gott. Gott ist nicht nur der Schöpfer der Welt, er hat sich in der Offenbarung mit dem Menschen verbunden und bewirkt an jedem Tag eine Neue Schöpfung. So wird erinnerte Geschichte in jüdischer Tradition zum Gebet um Erlösung.

Die gesamte Geschichte des Volkes Israel wird in jeder Zeit neu erlebt und gewinnt damit symbolische Bedeutung für die Zukunft. Jedes Geschehen bietet Anlaß, in verständlicher, unzweideutiger Sprache zu erkunden und auszudrücken, was im Glauben gelernt wurde, um die Zukunft zu gestalten. Wenn der normale Geschichtsverlauf unterbrochen wird, wie z.B. bei der Zerstörung des zweiten Tempels, dann verinnerlichen die Juden dies und formen die Symbole, die die Bausteine für das Kommende bilden. In diesem Sinn erinnern wir uns an die berühmten Worte des Rabbi Elasar und des Rabbi Hanina: „Lest nicht ‚Eure Söhne' (banim), lest vielmehr ‚Eure Bauleute' (bonim)."[3]

Die Krise der Tradition ist deshalb ein fruchtbarer Boden für einen Neuanfang. Jede Stunde, jede Situation ist eine Stunde der Entscheidung.[4] Religiöser Determinismus (Gottes Allwissenheit) braucht die Freiheit des Menschen (die Entscheidung). Aus dieser Spannung lebt die messianische Hermeneutik als Geschichtsschreibung in jüdischer Tradition. Die Offenheit der Interpretation auf der textuellen Ebene öffnet die Zeit für die Ewigkeit. So entstand eine dynamische Hermeneutik zwischen Offenbarung und Tradition:

[3] Babylonischer Talmud, Berachot 64a.

[4] ‚Hakol zafuj we-hareschut netuna' haben die Rabbinen das Paradox zwischen Gottes Allwissenheit über die Zukunft und der freien Wahl der menschlichen Entscheidung innerhalb der Zeit genannt.

Die Offenbarung als schriftliche Lehre findet ihren Vollzug in der Tradition, der mündlichen Lehre, als Ausdruck der Interpretation der Offenbarung innerhalb der historischen Zeit.
Jede Auslegung der Schrift ist in dieser Hinsicht ein Hereinbrechen der Ewigkeit in die Zeit, eine Gegenwart, die die Zeit messianisch aufsprengt und sie für die Erlösung öffnet. Ein rabbinisches Wort bringt dies prägnant zum Ausdruck: „Wer eine Auslegung im Namen seines Autors vornimmt, bringt Erlösung für die Welt." Konservative, restaurative und utopische Kräfte konnten nebeneinander bestehen und einander sogar bereichern. Sobald die Gegenwart nicht mehr Ort, Ziel oder Rahmen messianischer Hoffnung zu sein versprach, wurden die Erwartungen in eine ideale Vergangenheit oder eine utopische Zukunft projiziert. Es war also weniger ein Konflikt zwischen konservativen, restaurativen oder utopischen Kräften, als die Frage einer in der Gegenwart empfundenen Spannung zwischen einer unerlösten und einer erlösten Welt, in der ein Heute als Tag zwischen Gestern und Morgen gelebt wird und ein Heute erlebt wird als Pforte für den Messias, zwischen *gelebter* und *erlebter* Zeit.
Der Philosoph Franz Rosenzweig schreibt am Ende seines Aufsatzes über „Das neue Denken" von 1925 zum Charakter seiner neuen Erkenntnistheorie, die er mit der alten, griechisch geprägten Philosophie vergleicht: „Der Begriff der Bewährung der Wahrheit wird zum Grundbegriff dieser neuen Erkenntnistheorie, die an Stelle der Widerspruchslosigkeits- und Gegenstandstheorien der alten tritt und an Stelle des statischen Objektivitätsbegriffs jener einen dynamischen einführt." Er nennt sein neues Denken eine „messianische Erkenntnistheorie, die die Wahrheit wertet nach dem Preis ihrer Bewährung und dem Band, das sie unter den Menschen stiftet ..."[5] Aus dieser Perspektive ergibt sich ein Zeitverständnis, das am Ende des zweiten Millenniums der christlichen Zeitrechnung zu einer neuen Begegnung des Christentums mit dem Judentum führen kann.

5 F. Rosenzweig: Das neue Denken, in: Der Mensch und sein Werk, Gesammelte Schriften, Bd. 3: Zweistromland. Kleinere Schriften zu Glauben und Denken, herausgegeben v. R. u. A. Mayer, Den Haag 1979, 158f.

Sicher bildet die jüdische Apokalypse des spätrabbinischen Judentums den geistigen Hintergrund für die Entstehung des Christentums und den messianischen Aufbruch der frühen Christen. Den Unterschied in der Rezeptionsgeschichte dieser Vorgänge können und dürfen wir, Juden und Christen, jedoch nicht übersehen. Der Einbruch der Ewigkeit in die Zeit bedeutet in der christlichen Welt die Einführung eines neuen Kalenders, so daß man von „vor" und „nach" spricht.[6]

Dieser Unterschied spielt meines Erachtens eine wichtige Rolle beim Thema Religion und Moderne, der Frage also, wie man Judentum in einer säkularisierten Welt leben kann. Dabei gibt es im Gespräch zwischen Philosophie und Religion eine Fülle von Beispielen, die Vernunft und Glauben zu vermitteln suchen, doch hier ist nicht der Ort, dies weiter auszuführen. Aber es lohnt sich, darüber nachzudenken, was es bedeutet, in einer Zeit zu leben, in der der Mensch zum Maß aller Dinge geworden zu sein scheint. Heißt dies, Herr zu sein über Gut und Böse oder nicht vielmehr Verantwortung zu tragen für unsere jeweiligen Traditionen, nach denen Religion und Ethik sich im konkreten Handeln eines jeden Menschen begegnen? Das biblische Wort für dieses Handeln heißt chessed: tätige Liebe, die sich immer wieder am frei handelnden Individuum orientieren muß. Sie läßt sich nicht aus dem Gesetz ab- oder herleiten, sondern bedarf der freien Entscheidung des Menschen. Diese Freiheit hebt die Tat des Menschen auf eine höhere Ebene, so daß der Bund mit Gott - philosophisch: die Verbindung mit dem Absoluten - immer aufs neue bestätigt und gesichert wird.

Die Frage nach der Auswirkung der menschlichen Handlungen, die Frage nach der Erlösung, wenn man so will, bleibt offen. Der Mensch soll sich dieser Frage aber auch nicht entziehen, wobei an

[6] Diese Tatsache wird einem Juden erst richtig deutlich, wenn in Israel beide Kalenderdatierungen in allen offiziellen (nicht nur religiösen) Institutionen und Dokumenten genannt werden. Das Jahr 1998/99 ist ab Rosh Haschana das Jahr 5759. Jüdisch gesprochen sind wir also im 6. Millennium.

das bekannte Wort von Rabbi Tarphon aus den „Sprüchen der Väter“ (2.21) erinnert sei: „Du brauchst die Arbeit nicht zu vollenden, aber du bist auch nicht frei, dich ihr zu entziehen.“ Durch sein Tun entspricht der Mensch dem Versprechen Gottes, eine „olem chessed“, eine Welt der tätigen Liebe zu bauen, wie es im Psalm 98,3 heißt, in der jedes Maß von Gut und Böse enthalten ist.

Die Einbindung des Menschen in diese Verbindung mit Gott gibt ihm das Vertrauen, das Gute wählen und der Zeit seines Lebens in dieser Welt Bedeutung geben zu können. Das Joch des Gesetzes wird so zum Schlüssel der Freiheit, und der Gedanke des Bundes ist immer schon verbunden mit der Möglichkeit der Entbindung – im Sinne eines Losbindens des Bundes von seinen historischen Fesseln. Diese Befreiung kommt einer *Umkehr der Zeit* gleich: Sie fließt nicht mehr von der Vergangenheit in die Zukunft, sondern wird aufgehalten durch den Einbruch des Jetzt und die Ereignisse in der Zeit. Es ist das Heute des gegenwärtigen Lesers, als eines messianischen Hermeneuten, das den Text aus der Zeit erlöst und so einen Ort schafft, wo das in die Zeit eingebettete Menschenleben eine Bedeutung erhält, die über die Zeit hinausreicht in die Ewigkeit.

Der große Versuch innerhalb der Geschichte des menschlichen Geistes, die radikale Trennung von Gut und Böse an das Absolute zu binden, ist zum Scheitern verurteilt. Der fortbestehende Dualismus im abendländischen Denken entlastet den Menschen ja nur scheinbar: um den Preis des Verzichts auf seine ursprüngliche Freiheit.

Ethik und Religion

Der Gott Israels ist ein Schützer des Rechts und der Gerechtigkeit, ein Richter der ganzen Erde. Und die Erwählung Israels, dieses kleinen unbedeutenden Nomadenvolkes, das allen Verfolgungen und Vertreibungen zum Trotz und trotz der schrecklichen Ereignisse dieses Jahrhunderts in diesem Land, ohne Sprache und ohne

Land bis zum heutigen Tag überlebt hat – Israel hat durch sie eine Sicherheit, die nicht nur im Schutz seines Gottes besteht, sondern die auf der Wahrung des Rechts und der Überwindung des Unrechts beruht: etwas, das nicht schon in einer absoluten himmlischen Gesellschaft, nicht in einem Vertrag, einer Konstitution oder einer Ekklesia verkörpert ist, sondern hier auf Erden, im menschlichen Tun und Handeln, in der Zeit also realisiert werden soll.

Dies ist vielleicht die größte Gabe des Gottes Israels, daß er die Menschen das Recht und die Gerechtigkeit lehrt, so, wie es im Morgengebet vor dem „Shema" heißt: „Mit einer großen Liebe hast du uns geliebt, Gott, unser Gott, eine große und übergroße Gabe hast du uns gegeben, unser Vater, unser König, unserer Väter wegen, die auf dich vertraut haben und die du die Gesetze des Lebens gelehrt hast. So beschenke uns und lehre uns, unser Vater, du Barmherziger, und erbarme dich über uns und gib uns die Fähigkeit, die ganze Weisheit deiner Lehre in Liebe zu verstehen und zu begreifen, zu hören, zu lehren und zu lernen, zu hüten, zu tun und zu erhalten ..."

Die Liebe Gottes zum Menschen besteht darin, daß er seine Lehre nicht im Himmel verwahrt, sondern daß er sie dem Menschen mitgeteilt hat. Nicht die kosmische Ordnung war ja das Bestimmende, sondern der Gott Himmels und der Erde hat den von seiner Hand gebildeten Menschen zwischen Gut und Böse unterscheiden gelehrt. Das Judentum hört daher in der Paradiesesgeschichte nichts von einer Erbsünde (erst in Gen 4, wenn der Brudermord geschieht, kommt ja das Wort Sünde vor), sondern von der Gabe der freien Wahl, der Erkenntnis von Gut und Böse und dem Tod.[7] Diese Gabe Gottes an den Menschen ist kein Befehl, es ist der Weg zur Heiligung (Lev 19). Dem Volk wird nicht geboten, daß es ein gutes, sondern daß es ein heiliges Volk werde. Alle sittliche Forderung besteht darin, den Menschen zu erheben, dorthin,

[7] Es gibt in diesem Zusammenhang eine geniale Auslegung des mittelalterlichen Exegeten Rashi, der erklärt, daß Adam und Eva, bevor sie vom Baum der Erkenntnis gegessen hatten, der Welt zwar Namen geben konnten (Logos), aber wertfreie und darum wertlose Namen – eben weil sie nicht den Unterschied kannten zwischen Gut und Böse.

wo das Ethische im Religiösen aufgeht, wo das Ethische, in seiner Differenz zum Religiösen, im „Atemraum des Göttlichen selber aufgehoben wird", wie Martin Buber sagt.[8]

Voraussetzung für diese Verbindung von Ethischem und Religiösem ist aber die Auffassung, daß der Mensch, indem er von Gott geschaffen ist, von ihm in die *Freiheit* gestellt ist, und daß er nur in dieser Selbständigkeit gegenüber Gott vor Gott stehen kann. Hier beginnt der Dialog des Menschen mit Gott; der Mensch nimmt in völliger Freiheit und Ursprünglichkeit sein Dasein wahr, konstituiert sich so vor Gott als Individuum, wird zum Partner Gottes in der Zeit.

Und wie hat man sich das genauer vorzustellen? Nachdem die Schöpfung vollendet ist, der Garten gepflanzt, der Baum des Lebens und der Baum der Erkenntnis von Gut und Böse an ihrem Ort, lesen wir: „Es ist nicht gut, daß der Mensch allein sei." (Gen 2,18) Dies ist ein Leitwort aus dem Schöpfungsbericht, negative Entsprechung zu der wiederholten Aussage Gottes: „Es ist gut ..." Es handelt sich also um einen inneren Dialog Gottes über die Existenz des Menschen, der die zeitliche Dimension innerhalb der natürlichen Welt darstellt. Die Zeit gleichsam als Zäsur zwischen Mensch und Welt, die erst durch den Menschen als zeitliches Wesen, in der Unterscheidung von „Gut" und „Nicht-gut", entschieden werden kann.

Die Schöpfung ist erst vollendet, wenn der Mensch ein Gegenüber hat. Das wahre Benennen der Welt besteht in einer Entscheidung für das Gute und das Nicht-Gute. „Ich werde ihm ein Gegenüber machen", ein ezer kenegdo, eine Hilfe ihm entgegen (ebd.). „Hilfe" und „ihm entgegen" – in diesem paradoxalen Verhältnis steht nicht nur die Frau zum Mann, sondern der Mensch zu Gott.[9] Die zeitliche Dimension Adams, des Menschen, wird also initiiert

[8] M. Buber: Gottesfinsternis, Zürich 1953, 128. Israel soll heilig werden, denn Gott ist heilig. „Die Nachahmung Gottes durch den Menschen, das ‚ihm in seinen Wegen Folgen' kann sich naturgemäß nur an den dem menschlichen Ethos zugewandten göttlichen Attributen, an Gerechtigkeit und Liebe, vollziehen, und alle Attribute sind durchsichtig für die überattributhafte Heiligkeit, die vom Menschen nur in der von ihr urverschiedenen, der menschlichen Dimension nachgebildet werden kann. Die absolute Norm wird als Weisung für den Weg gegeben, der vors Angesicht des Absoluten führt." (ebd.)

[9] „Ezer" ist ein Wort, das die Bibel auch für Gott verwendet.

durch eine zusätzliche Schöpfung: die Erschaffung der Frau. Alles ist fertig, alles ist bereits männlich und weiblich erschaffen, aber die Biologie des Menschengeschlechts ist unvollständig ohne jene Intervention Gottes, die dem Mann Adam die Frau als Bedingung seiner Selbständigkeit zuführt – ein Teil von ihm, aber erst jetzt sichtbar als Medium der Erkenntnis: nicht als Erkenntnis der absoluten Wahrheit, sondern als Einsicht in die Selbständigkeit des Menschen, das Gute oder das Böse zu wählen. Der Mann erkennt sich erst als Mann, als Gott ihm die Frau als seinen Gegenpart und in diesem göttlichen Gegenüber seine Selbständigkeit gibt. Mann und Frau, von nun an „Isch" und „Ischa" genannt, sind Partner in Gottes Schöpfung, die sie pflegen und erhalten, in guten und in schlechten Zeiten.

Gott hatte den Baum der Erkenntnis von Gut und Böse im Garten nicht gepflanzt, um den Menschen die absolute Wahrheit zu lehren, sondern die Freiheit der Wahl, die Entscheidung für das Gute, ohne das die Schöpfung keinen Bestand hat. Die Tora, als Baum des Lebens, als Weisung für das Leben, ist nach wie vor Garantie der ungebrochenen Verbundenheit zwischen Mensch und Gott, die Bestätigung des Vertrauens Gottes in den Menschen, ein Bund, in dem die Wahrheit für immer und ewig aufgehoben ist. So bleibt jede Stunde eine Stunde der wirklichen Entscheidung – bis der Messias kommt.

Joseph Kardinal Ratzinger, Johann Baptist Metz,
Jürgen Moltmann, Eveline Goodman-Thau

Die Provokation der Rede von Gott

Diskussion

Moderation: Robert Leicht

Leicht: Zwei Zuspitzungen zum heutigen Vormittag: Johann Baptist Metz spricht von der Rede von Gott. Darf ich als Protestant fragen: Sind *wir* Subjekt der Erinnerung oder ist es *Gott*?
Und – provozierend –: Ist der Begriff der neuen Politischen Theologie nicht eigentlich ein grandioses Mißverständnis? Denn so, wie ich Sie, Herr Metz, verstehe, wollen Sie ja in Wirklichkeit eine *theologische* Theologie. Und da bin ich ein bißchen irritiert. Einmal, weil aus dieser theologischen Theologie (zu Recht) eine Distanz gegenüber bestimmten politischen Optionen entsteht ... Und dann (theologische Theologie heißt ja nicht unbedingt kirchliche Theologie), weil – zur Enttäuschung mancher Ihrer Freunde – aus ihr keine kirchenpolitische Polemik erwächst ... Politische Theologie insofern also ein Mißverständnis ...?

Politische Theologie

Metz: ... Zunächst zur Öffentlichkeit der Theologie, die auch Jürgen Moltmann angesprochen hat. Ich denke, die öffentliche Gestikulation der Theologie, die mit der Politischen Theologie gemeint ist, gehört zum Grundauftrag der Kirche. Im Sinne eines Identitätsbildes, das der Kirche aber eben nicht aus der Botschaft allein, sondern aus den dürftigen Verhältnissen, in denen wir heute leben, aufgedrängt wird: Man täte ihr keinen Gefallen, wenn man diese öffentliche Artikulation einschränken oder gänzlich abschaffen wollte ... Deswegen bin ich ganz und gar der Meinung, daß Politische Theologie kein Mißverständnis, sondern ein Pleonasmus ist … Wenn Theologie anders möglich wäre denn als Politische Theologie, dann würde ich selbstverständlich eine andere machen …

So, wie ich das Wort „politisch“ verwende, meint es gerade nicht „parteipolitisch“ … Im Blick auf die von mir hochgeschätzten reformatorischen Traditionen … würde ich sagen: Weil wir (die katholischen Christen) die Vernunft nicht aufsaugen lassen vom Glauben oder die Natur nicht gleichsam verschwinden lassen wollen in der Gnade, weil wir deshalb auch die Politik nicht in Heilsgewißheit verwandeln können, genau deswegen muß es Politische Theologie geben. Was mit der Vernunft geschieht, was im Bereich dessen passiert, was wir Natur nennen, was sich im Raum des Politischen abspielt, das kann für die eigene Identität, zumindest nach katholischer Tradition, gefährlich sein … Man muß sich deshalb mit der Vernunft, mit den Philosophien anlegen, weil sie zur Bestimmung dessen, was christlich ist, unbedingt dazugehören …

Natürlich sind wir nicht auf eine bestimmte Philosophie verpflichtet, auch nicht auf ein bestimmtes Verständnis von Natur festgelegt und selbstverständlich auch nicht auf eine bestimmte Politik. Aber wir wissen, daß aus eben diesen Bereichen Möglichkeiten und Bestreitungen dessen, was wir unter „christlich“ verstehen, kommen können. Es gibt kein „reines“ Christentum. Christen sind vielmehr in die strittigen Bereiche zwischen Natur und Gnade, Vernunft und Glaube und auch in den Streit zwischen Politik und Heil mitten hineingestellt. Deshalb ist es ganz unmöglich, uns hier schiedlich-friedlich herauszustehlen …, als würde der Glaube überhaupt nicht mehr tangiert …

Das Erste Vatikanum wußte noch, daß Gott zunächst einmal ein Menschheitsthema ist bzw. ein Thema der Vernunft … Daß Gott als Schöpfer aller Dinge mit Gewißheit aus der geschaffenen Welt erkannt werden kann, das ist ein ungeheurer Satz. Im Zweiten Vatikanum wird dagegen nur noch von dem in der Kirche verkündeten Gott geredet und jene Ungeheuerlichkeit überhaupt nicht mehr riskiert. Deswegen klage ich im Namen

des Traditionsbewußtseins des Katholizismus diese Vision und diese Aufgabe ein, die ja auch das berührt, was Jürgen Moltmann meinte, als er von der Universität als dem von der Gesellschaft für den Diskurs der Vernunft eingerichteten Ort sprach. Die Theologen sind in gewisser Weise die von der Kirche legitimierten Agenten der Vernunft. Sie gleichsam herauszunehmen aus diesem Streit und von diesem Ort, hielte ich für eine Art Attentat auf die Selbstdefinition des Glaubens. Denn, sehen Sie, die Erklärung des Ersten Vatikanums zur natürlichen Gotteserkenntnis war ja nicht eine Meinung unter anderen, sondern das war eine Lehrdefinition …
Das Erste Vatikanum ist meiner Frage, ob es heute nicht längst um eine Gotteskrise geht, noch schutzlos ausgesetzt, während das jüngste Konzil bereits eine Immunisierung dieser Krise darstellt, indem es einfach nur noch von Gott innerhalb der Kirche spricht. Und Karl Barth – bei allem großen Respekt vor seiner Theologie – vertritt sozusagen als theologische Immunisierungsfigur gegen die Gotteskrise die These: Gott kommt von Gott. Der Mensch kommt gar nicht mehr dazwischen. Der Mensch mit seinen ungeheuren Zweifeln scheint nicht gotteskompetent im Sinne dessen, was man die natürliche Gotteserkenntnis nennt … Etwa in diese Richtung würden die Antworten gehen, die ich Ihnen eigentlich geben müßte, wenn ich genug Zeit hätte.

Autonomie in der Kritik

Leicht: Heute morgen haben einige geschmunzelt oder gestaunt, als Sie, Herr Metz, einen Konsens mit dem Herrn Kardinal in der Ablehnung des Autonomismus festgestellt haben. Ich habe den einen oder anderen gehört, der sagte: „So habe ich mir das immer gedacht." Deshalb jetzt eine Frage an den Kardinal: Ist es legitim, aus Ihrer Sicht zu unterscheiden zwischen dem Wunsch des einen Menschen, nicht der Knecht des anderen Menschen zu sein, einerseits, und der Einsicht, daß der Mensch nicht der Herr Gottes sein kann? Und wenn dieser Unterschied legitim ist, unter welchen Bedingungen muß sich der Christ einen anderen Christen als Vorgesetzten denken?

Ratzinger: Ich habe nur von der Selbstemanzipation des Menschen von Gott gesprochen und überhaupt nur in diesem Sinne das Autonomie-Thema berührt ... Daß Gott in einer durchaus verständlichen Logik des Existierens in seiner Unendlichkeit als Bedrohung unserer Endlichkeit erscheint und daß der Mensch daher Gott los werden will, um selber frei zu sein ..., gegenüber diesem Bild habe ich anzudeuten versucht, daß in Wirklichkeit die Beziehung zu Gott nicht Abhängigkeit ist, sondern Bedingung, Möglichkeit unserer Freiheit. Nur wenn die uns gründende Liebe den Raum freistellt für unser Dasein, nur dann können wir wirklich frei und wir selber sein ...

Das Zweite Vatikanum hat sehr nachdrücklich die Autonomien herausgestellt: Autonomie der Politik gegenüber der Hierarchie, Autonomie der wissenschaftlichen gegenüber nicht-wissenschaftlichen Instanzen etc. Autonomien, die auch ihre Relativitäten in sich tragen ..., insofern Autonomie der Politik nun eben nicht heißen kann, daß sie gegenüber dem Anspruch des Guten und dem Anspruch der Wahrheit frei ist, und daß es nicht Instanzen geben kann, die zwar nichts zu befehlen, aber ein Wort an sie zu richten haben, das mit großem Ernst ergeht und dessen Beiseiteschieben gerade ein Verfehlen der Autonomie dieses Bereiches selber wäre. Das also ist zweifellos ein Thema, daß es echte Autonomien gibt, und daß wir hierin im Laufe der Neuzeit zu lernen hatten ...

Ich finde Ihre Frage vereinfacht, ob ein Christ Vorgesetzter eines anderen Christen sein kann. Natürlich kann er es. Das wissen Sie doch selber ... Vorgesetztsein heißt allerdings allen eine gemeinsame Bindung an einen größeren Gehorsam auferlegen, und es bedeutet nicht, sich selbst dem anderen aufbürden, sondern im gleichen Dienst an der Sache eine bestimmte Funktion wahrnehmen. Und das gibt es ohne Zweifel auch in der Kirche, und zwar nicht nur in der katholischen, obwohl das Problem kirchlicher Autorität in der evangelischen Christenheit anders gelöst ist ... Insofern also würde ich sagen: Lassen wir die Kirche im Dorf.

Metz: Ich bin für die Dorfkirche – in diesem Fall (Heiterkeit).

Konsens, Wahrheit, Freiheit

Leicht: Jürgen Moltmann hat vorhin eine Bemerkung zum Gegenstand dieser kleinen Kontroverse gemacht ... Er hat gesagt, im Konsens blühe die Wahrheit. Das verblüfft mich. Ich habe so viele Fälle erlebt, wo im Konsens der Irrtum blühte und nur im Streit die Wahrheit hervorkam. Wieso also blüht im Konsens die Wahrheit?

Moltmann: Also, im Streit kann die Wahrheit ja wohl schlecht blühen, denn auf welcher Seite soll sie denn sein, auf der einen Seite oder auf der anderen Seite, Herr Leicht?, während man beim Konsens im Vertrauen zu einer gemeinsamen Auffassung kommt. Ich habe nichts gegen Lehrzuchtverfahren. Aber das muß im brüderlichen Gespräch erörtert werden, und man muß solange nach Gemeinschaft suchen, wie es möglich ist. Alle Ordnungen, alle Ämter in der Kirche müssen eingebettet sein in die Gemeinschaft der Kirche. Die Gemeinschaft einer Kirche muß den Pfarrer tragen, die Gemeinschaft einer Kirche muß den Bischof tragen und umgekehrt, so daß wir diese presbyterialen und synodalen Elemente in den Kirchen stärken müssen, auch im Blick auf so schwierige Fragen, ob jemand noch ein katholischer Theologe ist oder ob er noch das Evangelium verkündigt oder nicht ... Zur Wahrheit gehört die Freiheit, und zur Freiheit gehört eine Gemeinschaft, in welcher man im gegenseitigen Vertrauen miteinander umgeht. Das war es, was ich gesagt habe.

Aber darf ich bei der Gelegenheit noch etwas zu meinem Freund Metz sagen? Der ist ja ein guter katholischer Theologe, nur vom Protestantismus versteht er überhaupt nichts! (Heiterkeit) Er meint, die Protestanten seien alle Fideisten, während doch gerade die großen Philosophen der Neuzeit, wie Lessing, Kant, Fichte, Hegel, protestantische Philosophen waren. Und Metz' „Freund" Nietzsche war ein protestantischer Pfarrerssohn, so daß wir an diesem Punkt – im Blick auf Natur und Gnade oder Glaube und Vernunft – keinen Nachholbedarf haben.

Metz: Und wir müssen dann, gewissermaßen in Stellvertretung für euch, weil wir das Vernunftprinzip in der Theologie vertreten, die Kämpfe mit Kant, Nietzsche usw. ausfechten! (Heiterkeit)

Moltmann: Wir führen für euch statt dessen die Kämpfe mit Aristoteles! ... Was ich sagen wollte, ist, daß an die Stelle dieses älteren Schemas von Natur und Gnade doch seit *Gaudium et spes* das Schema von Geschichte und Eschatologie getreten ist. Nun müssen die „Zeichen der Zeit" gelesen werden, was gerade auch in der Befreiungstheologie gilt ..., womit Metz' Anliegen, mit „natürlicher Theologie" sei die Theologie insgesamt gemeint, als etwas, das alle angeht, ja gerade gewahrt wird ...

Leicht: Also mir scheint manchmal, lieber Johann Baptist Metz, Ihre antiprotestantische Polemik soll nur verdecken, wie protestantisch Sie denken.

Metz: Aber das tun wir schon lange nicht mehr!

Gottesrede in einer unerlösten Welt

Leicht: Frau Goodman-Thau, eine Frage an Sie: Eines der Paradigmen des Denkens von Johann Baptist Metz, wir haben es heute gehört, ist die Erinnerung an das Leiden anderer. Das hat ja nun im aktuellen deutschen Kontext eine Bedeutung, insofern die Befürworter eines bestimmten Mahnmals in Berlin immer etwas verkürzt zitieren: „In der Erinnerung liegt die Erlösung." Sie haben das heute genauer formuliert. Sie haben gesagt: „Erinnerte Geschichte wird zum Gebet um Erlösung." Das verstehe ich ja nicht so, daß die Täter sich nur ihrer Taten erinnern müßten, und dann seien sie erlöst. Ich würde gern die Inhalte dessen, was Sie erinnert haben wollen, näher erfahren. Was wird erinnert? Die Schuld, die man selber hat, oder die Verheißung, die Gott seinem Volk gegeben hat?

Goodman-Thau: Wenn schon Katholiken und Protestanten Schwierigkeiten miteinander haben, wie kann dann überhaupt das

Gespräch mit dem Judentum zustande kommen? Das ist meine Frage, die ich natürlich nicht mit der saloppen Aussage beantworten kann, daß der einzige Unterschied zwischen Judentum und Christentum darin besteht, was man in der Zwischenzeit tut.
Mich hat ein bißchen gestört, wie Sie, Herr Metz, im Blick auf das fremde Leiden, gefragt haben: „Wie nehme ich teil am Leiden der Anderen?" Das Judentum ... fragt: „Warum geht es dem Gerechten schlecht in der Welt, während es dem Bösen gut geht? Ist eine solche Welt gerecht?" Wenn man diese Frage noch einmal in eine Politische Theologie übersetzt, und ich bin wirklich dafür - nicht daß man die Politik theologisiert, sondern die Theologie politisiert -, weil es, wie schon die Propheten gelehrt haben, nur politische Theologie gibt ..., dann lautet die jüdische Antwort so: „Du leidest an dieser Welt, nicht weil du schuldig bist, nicht weil du dir Sorgen über die großen theologischen oder philosophischen Fragen machst, sondern weil es ein Unrecht gibt, an dem du persönlich *nicht* schuld bist."
Das Leiden jedes einzelnen von uns über die eigenen Sünden, so glaube ich, ist bereits die größte Bestrafung. Sogar der Verbrecher leidet unter seiner Sünde, was nicht heißt, daß seine Sünde vergeben ist, wohl aber, daß er leidet, wenn er Böses tut ... Die Frage ist: Wie leben wir in dieser Zeit weiter? ... Wie leben wir als Überlebende weiter? Denn wir sind ja in dieser Generation, in diesem Jahrhundert, ob Juden oder Christen, alle Überlebende der Shoah. Wie gehen wir damit um? Ich frage mich, warum es im christlichen Raum immer wieder darum geht, ob man sich schuldig gemacht habe oder nicht. Das eben ist die Frage nicht! Die Frage heißt: Wie geht man damit um, daß *andere* sich schuldig gemacht haben. Das frage ich mich, darum beteilige ich mich am jüdisch-christlichen Dialog, darum rede ich mit Deutschen ...
Das, so glaube ich, ist das Leiden am fremden Leid: daß wir schuldig werden, wenn wir es nicht auf uns nehmen. Es ist ein messianischer Moment, ein Martyrium, wenn man das fremde Leiden auf sich nimmt, Frieden stiftet, sein Leben danach gestaltet. Das ist „mein" Mahnmal. Die Namen der Opfer dazuzuschrei-

ben, wäre obszön. Denn in jedem Namen der Opfer ist ein Name der Täter eingeschrieben. Man sollte ein Mahnmal schaffen, wo nur die Namen der Täter verzeichnet sind …

Es gibt eine große Diskussion im Talmud: Wann kommt mashiach? Und: Geht es dabei um die Werke, geht es um die Erlösung? Am Ende wird der Streit mit einem Satz geschlichtet: Der Messias kommt für den, der in Trauer steht. Trauern wir? Wie trauern wir? Wie leben wir in einer unerlösten Welt? Diese Frage ist gerade im Blick auf das Leiden und die Autonomie für Juden und Christen zentral. Ich bin autonom, hier zu entscheiden. Geht es mich an oder nicht? Das gilt für uns alle.

Moral und Gehorsam

Leicht: Wir sollten jetzt das Publikum zu Wort kommen lassen …

Große-Rüschkamp: Meine Frage richtet sich an Kardinal Ratzinger: Herr Metz hat in seinem Vortrag die Autorität der Leidenden und Unterdrückten als konstitutiv für die Theologie herausgestellt. Die lateinamerikanische Befreiungstheologie hat die politische Umsetzung der Autorität der Leidenden eingefordert. Wenn es hier heute vormittag einen überraschend großen Konsens gab, dann verstehe ich nicht, wieso Sie die Befreiungstheologie, die Sie in den achtziger Jahren verurteilt haben, heute nicht rehabilitieren.

Kerstiens: Ich bin Pfarrer im Ruhrgebiet, einer der ersten Promovenden von Johann Baptist Metz. Ich konnte vielem heute morgen sehr gut folgen. Trotzdem hatte ich ein großes Unbehagen – weil das, was gesagt wurde, mir zu weit weg ist von den Menschen, mit denen ich es zu tun habe. Übereinstimmend ging es um die Sensibilität für das Leiden anderer. Ich würde das konkret benennen: Sensibilität der Kirchenleitung für die in Not geratenen schwangeren Frauen. Gott sei Dank zeigen die deutschen Bischöfe noch ein bißchen Stärke, aber was da aus der Ferne Roms kommt, läßt diese Sensibilität vermissen: Sensibilität für die wiederverheirateten Geschiedenen …, die im Glauben einen neuen Anfang machen wollen. Ich habe selber beim Kirchenvolksbegehren in unserer Stadt gestanden, wo Homosexuelle ihre Leidensgeschichte mit der Kirche erzählten. Wir müssen den Menschen so nahe sein, daß wir nicht nur von der Solidarität und Sensibilität mit den Leidenden sprechen, sondern wir müssen die Leidenden beim Namen nennen, auch die an der Kirche Leidenden. Ich denke z.B. an viele Frauen, die sich in der Begründung, warum sie nicht das Priesteramt bekleiden dürfen, beleidigt fühlen …

Ich kann mir Gott, der Sensibilität für die Laien hat, nicht als einen vorstellen, der vor allem auf die Rechte des Klerus pocht. Ich kann mir Gott nicht vorstellen als einen, der Basisgemeinden irgendwo im Urwald die Eucharistie verweigert …, obwohl es dort Frauen und Männer gibt, die geübt, befähigt und akzeptiert sind, mit ihren Gemeinden Gottesdienst zu feiern … Die Sensibilität für das Leiden der Menschen - auch an der Kirche und in der Kirche - erfordert eine Nähe zu diesen Menschen, und diese Nähe vermisse ich.

Leicht: Dieses mußte so gesagt werden. Der Beifall unterstreicht, wie wichtig es ist, daß dies erörtert wird … Zunächst würde ich Herrn Metz bitten.

Metz: Ich möchte zunächst ein Wort sagen - es ist alles sehr schwer, das gebe ich zu - über die Kirche, an der Menschen leiden. Ohne diese Kirche, ohne dieses Gedächtnis von 2000 Jahren, belastet von dunklen und auch befreienden Erfahrungen, würden wir wahrscheinlich über Gott und die Theologie gar nicht mehr reden. Das heißt, zunächst einmal mache ich der Kirche … diese Konzession. Dieser Raum, in dem von Heil, von Gott geredet wird, ist nicht beliebig. Das Zweite, was ich sagen möchte, ist, daß es in dieser Kirche Dinge gibt, die dem Diskurs, dem Dialog und der Möglichkeit, es so oder anders zu machen, entzogen sind. Es gibt also einen Gehorsam in dieser Kirche, der dem Dialog, dem Verstehen, dem Streit und dem Konsens in einer gewissen Weise vorausliegt.

Das kann man … in den wichtigsten Parabeln, die Jesus uns erzählt hat, mit denen er sich in das Gedächtnis der Menschheit hineinerzählt hat, sehen. Er hat uns zum Beispiel im Gleichnis vom barmherzigen Samariter eine Situation geschildert, in der man nicht überlegen muß – habe ich jetzt das zu tun oder jenes, kann ich mich da noch versichern, worin das sinnvolle Handeln liegt? –, sondern in der man gehorchen muß. Ich kann hier nur dem am Weg Liegenden und unter die Räuber Gefallenen standhalten. Wenn ich Gott sage im Sinne Jesu und seiner Parabeln, dann muß ich bereit sein, meine bisherigen Vorstellungen angesichts des Unglücks anderer zu revidieren. Das ist ein Grundimperativ, der sichtbar macht, daß es im Raum der Kirche, die von diesen Geschichten erzählt, einen nicht zur Disposition stehenden Gehorsam gibt. Ich habe ihn den Gehorsam gegenüber der Autorität der Leidenden genannt. Das sind die zwei Hintergrundaussagen, die mir außerordentlich wichtig sind und die ich in die Sensibilität des kirchlichen Lebens eintragen möchte.

Nun gibt es also, wenn man so will, auch noch einmal eine Ebene, in der dieser Gehorsam durchaus etwas mit der Moral der Menschen zu tun hat. Denn auch Moral begründet man nicht durch Konsens. Wenn es denn so etwas wie einen unbedingten Anspruch gibt, dann gibt es ihn natürlich, bevor ich mich über ihn mit anderen verständigt habe – oder es gibt ihn eben nicht. Und jetzt kommt der Katalog von Auffassungen in der Tradition der Kirche, in dem diese moralischen, das zwischenmenschliche, das individuelle Leben betreffenden Vorstellungen eine Rolle spielen. Zum Beispiel die Frage der Ehe, die Frage der Homosexualität, die Fragen, die gerade angedeutet wurden.

Man kann mir den Vorwurf machen, ich hätte mich solchen Fragen im Detail nicht genügend zugewendet. In meiner theologischen Arbeit versuche ich gleichwohl, diese Fragestellungen aufzunehmen und die menschliche Leidensgeschichte immer wieder als Kriterium für die von der Kirche proklamierten Normen des sittlichen und religiösen Verhaltens einzuschärfen … im Sinne der biblischen Mitgift der „Compassion", die ich für die kostbarste Mitgift biblischer Traditionen für die europäische Kultur halte – neben der griechischen Mitgift der „theoretischen

Neugierde", die uns geholfen hat, die moderne wissenschaftliche Welt zu entwickeln, und der römischen Mitgift, begreifen zu können, was Recht und Institution für das Zusammenleben von Menschen bedeuten.

Nehmen wir die Frage der Wiederverheiratung Geschiedener. Sie berührt ein Grundinstitut der Kirche. Ich habe beispielsweise versucht, an die Kirche die Frage zu richten, was sie eigentlich mit ihrem Bußsakrament will. Wir haben die unbefangene Aussage des Vorsitzenden der Deutschen Bischofskonferenz, daß in Deutschland die Beichte „klinisch tot" sei … Gleichwohl hätte und hat die Kirche die ungeheure Verpflichtung, diesem Sakrament Rechnung zu tragen. Wäre es also nicht möglich, eine kirchliche Form der Buße zu gestalten, in der etwa die Frage der leidvoll gescheiterten Ehen … anders als im uns geläufigen Beichtspiegel behandelt wird? Die Frage also, ob es nicht eine Buße geben könnte, bei der in gewissen Fällen und unter bestimmten Voraussetzungen die Möglichkeit der Zulassung Geschiedener zu den Sakramenten bestünde?

Alle diese Fragen hängen damit zusammen, daß man angesichts des „Elefantengedächtnisses" der Kirche – das rettend ist, weil wir nur mit der langfristigen Garantie dieses Gedächtnisses überhaupt noch von Religion in einem substantiellen Sinn reden können – daß man im Umgang mit diesem Gedächtnis der Kirche nicht nur, aber durchaus auch Geduld haben muß …

Leicht: Warum ich hier geduldig zugehört habe, werden Sie verstehen. Ein Protestant mischt sich in einen so schwierigen Dialog deshalb nicht störend ein, weil er es respektvoller findet, sich an solchen Fragen abzuquälen, als sie auf die leichte Schulter zu nehmen. Ich möchte die Anfragen in folgender Weise an Kardinal Ratzinger zusammenfassen: Können Sie sich vorstellen, daß man von einem Leiden an der Kirche spricht und gleichzeitig an der Figur der nicht-sündigenden Kirche festhält, die folglich auch ein „mea culpa" zu sprechen nicht in der Lage ist?

Ratzinger: Ich würde gern irgendwann auch etwas zu der von Herrn Moltmann gestellten und von Herrn Metz unterstrichenen Frage der Universitätstheologie sagen.

Leicht: Wir sollten den Fragen aus dem Publikum Vorrang geben und die gerade genannten dann gleich anschließen.

Wege zur Freiheit

Ratzinger: Zur ersten Frage: Ich bedauere es, daß man sich in Deutschland nach wie vor weigert, zur Kenntnis zu nehmen, was bestimmte Teile der Befreiungstheologie gesagt und was sie nicht gesagt haben, und daß man unterstellt, die Kritik an einem Strang dieser Theologie sei zugleich ein Nein zu dem Ringen um Hilfe für die Unterdrückten und eine Parteinahme für die Unterdrücker gewesen. Ich kann einfach nur darum bitten, doch einmal die „political correctness" zu überwinden, die es offenbar verbietet, anders zu denken und sich mit den Texten selbst anzufreunden ... Das Versprechen, daß durch eine schnelle Wendung der politischen Herrschaft die neue Welt entstehe und die Ungerechtigkeit verschwinde, ist einfach eine falsche Verheißung. Politische Prozesse vollziehen sich nicht nach einem monolithischen Dogmatismus, der nur eine Meinung zuläßt und als wissenschaftlich ausgibt, was durchaus nicht wissenschaftlich ist. Sie verlangen Freiheit der Diskussion und Geduld ... Ich möchte also mit Nachdruck darauf bestehen, daß die entsprechenden Texte des kirchlichen Lehramtes niemals gegen das berechtigte Verlangen nach einem Weg zur Freiheit und nach einer menschenwürdigen Gesellschaft, nach Überwindung der Misere Stellung genommen haben. Dem Papst ist dies gerade aufgrund seiner eigenen Herkunft eine Leidenschaft, gegen die niemand in der Kurie, auch wenn er es gewollt hätte, angekommen wäre ...

Zu den Fragen von Herrn Kerstiens möchte ich etwas ganz Ähnliches bemerken. Sie unterstellen nämlich, und das ärgert mich, daß es zu all diesen schwierigen Fragen nur eine erlaubte Meinung gebe. Wenn Sie es so hinstellen, daß derjenige, der in der Schwangerschaftsberatung eine Entzerrung zwischen Staat und Kirche für richtig hält, keine Sensibilität gegenüber den

Leiden der Frauen habe, dann sage ich, das ist nicht wahr ... Daß es dazu nur einen Weg gibt und nur eine erlaubte Meinung, das ist abzulehnen und ist eine Meinungsdiktatur, gegen die ich mich mit Nachdruck zur Wehr setze.

Das Problem der wiederverheirateten Geschiedenen ist zweifellos eines, das uns allen auf der Seele brennt und wo keiner die abschließende Antwort in Händen hat. Denn wir müssen ja das Gut der unauflöslichen Ehe, dieses kirchliche Gut, das Sakrament, das der Herr uns geschenkt hat, verteidigen und dürfen daher auch nicht meinen, daß schnelle Lösungen wirklich zum Besseren der Menschen sein würden ... Denn solche inneren Vorgänge, ein Bruch von etwas, das endgültig sein sollte, der Zerfall einer Liebe, der Zerfall einer Gemeinschaft mit Kindern, die nun Leidende sind, das löst man ja nicht durch kirchenrechtliche Manipulationen. Ich will das Problem damit nicht herunterspielen, aber doch sagen, daß es sehr vielschichtig ist und, wie ich glaube, alle christlichen Kirchen daran zu leiden haben und keine, denke ich, sagen möchte, sie habe die ganz richtige Lösung. Denn der Weg beispielsweise der Orthodoxie ist respektabel, aber er hat sich sehr stark an das staatliche Recht angekettet und die Scheidungsgründe so ausgeweitet, daß irgendwo die Figur der unauflöslichen Ehe verschwindet ...

Die römisch-katholische Kirche hat mit der Frage des Ehewillens und damit der wirklichen Konstitution der endgültigen Ehe versucht, einen Weg zu finden, wie die Unauflöslichkeit, die nicht in ihrem Belieben steht und wo sie selber zum Gehorsam verpflichtet ist, mit der Frage der Zerbrechlichkeit des menschlichen Willens zu verbinden ist ... Ich kann sagen, daß wir in den zuständigen Organen in Rom eigentlich immer darum ringen und fragen, was kann der Papst, was darf er tun und was darf er nicht. Und dann gibt es seltsame Verkehrungen: Die Leute, die eigentlich eher gegen die päpstliche Autorität sind, sagen: „Er kann das, wenn er nur will; die Kirche kann das." Und diejenigen, die eher primatfreundlich sind, sagen: „Nein, der Primat ist ein gehorsames Amt, der Papst kann es durchaus nicht" ...

Es bleibt ein Punkt des Leidens, den wir mit unseren institutionellen Mitteln nicht beseitigen können. Und da möchte ich ein sehr grundsätzliches Wort einfügen … Ich kann mich an eine Debatte in einer katholischen Universität erinnern. Einer der anwesenden Kardinäle hat mich beeindruckt, indem er sagte: „Es ist ganz wichtig, den Menschen zu helfen, daß sie leiden lernen und das Positive im Leiden erkennen. Denn wer nicht gelernt hat zu leiden, der kann auch nicht leben: Das Leben ohne das Leiden gibt es nicht." … Einer der ebenfalls Beteiligten, ein Physiker, reagierte barsch: „Man darf das Leiden nicht lernen, man muß es schlagen." Ein hochmütiges Wort, würde ich sagen. Natürlich soll die Medizin (und andere Wissenschaften) das ihr Mögliche tun, um unnötiges Leid vermeiden zu helfen. Aber es gibt kein Leben ohne Leiden, und das Leiden ist auch, denke ich, eine uns von Gott gegebene Gabe, die uns zum Menschsein hilft und ohne die es die Liebe nicht geben kann … Ich glaube, daß es eine der hohen erzieherischen Aufgaben der Kirche ist, im Leiden präsent zu sein und das Mitleiden Gottes, das Mitleiden Christi so gegenwärtig zu setzen, daß Leiden sinnvoll wird. Natürlich heißt das nicht, daß wir Leiden schaffen dürfen, wohl aber, daß es Grenzen gibt, wo wir es nicht verhindern können und helfen müssen, daß das Leid von innen her erlöst wird.

Leiden an der Kirche

Damit komme ich zu der Frage von Herrn Leicht. Ich denke, daß es auch Leiden an der Kirche gibt und aus ganz unterschiedlichen Gründen … Die Frage, in welchem Sinne von sündiger Kirche gesprochen werden kann, ist eine Frage, die zur Zeit die katholische Theologie beschäftigt … Gerade bei mittelalterlichen Theologen gibt es Hierarchiekritik von einer Schärfe, die sich heute die dreistesten Feinde der Hierarchie nicht erlauben würden. Wenn Sie Texte bei Albert dem Großen oder bei Bonaventura lesen, wie da auf die Mitra-Träger eingeschlagen und auch eine ganz kräftige Terminologie benutzt wird … Denken Sie auch an die Vision der Hildegard von Bingen: die Kirche von großer Schönheit, aber ihre Kleider entsetzlich beschmutzt und zerrissen.

Ich erlaube mir jetzt einfach nicht, darauf eine abschließende Antwort zu geben. Aber ich denke doch, daß es so etwas wie eine innerste Unverletzlichkeit der Kirche gibt, die nicht die Reinheit der Prälaten meint, sondern: daß letzten Endes in der Gemeinschaft Christi und der Heiligen immer ein Kern von heiliger Kirche da ist, an den wir uns klammern können und in dem wir selbst wieder Heiligkeit empfangen. Die Kirche ist nicht einfach ganz und total verschmutzt. Mich bewegt immer das Gebet, das der Priester in der römischen Liturgie vor der Kommunion spricht, wo es in diesem dramatischen Augenblick, da ich mich erdreiste, den Leib des Herrn zu empfangen, heißt: „Schau nicht auf meine Sünden, sondern auf den Glauben deiner Kirche"; schau weg von meinen Sünden, sonst müßte ich sterben oder davonlaufen. Es wird da aber nicht gesagt, schau statt dessen auf die Heiligkeit der Kirche, sondern: auf den Glauben der Kirche. Sie bleibt in ihrem Innersten die Glaubende, der Ort des Glaubens, die Verbürgung des Glaubens, wenn Sie so wollen: mit jenem „Elefantengedächtnis", von dem Metz gerade gesprochen hat …

Da sind noch die anderen Streitfragen …, aber mir scheint, es führte uns in die klassischen Streitereien hinein, in denen einfach wiederum darzustellen wäre: Was glaubt die Kirche? Wo ist sie im Gehorsam gebunden und wo ist sie frei? Wo kann sie Leiden nicht verhindern, muß aber im Leiden helfen? Das jetzt kasuistisch aufzuschlüsseln, denke ich, geht über den Auftrag hinaus, den ich für heute übernommen habe.

Der gesellschaftliche Ort der Theologie

Zur Frage Theologie und Universität möchte ich zunächst sagen, daß mir nichts von einer vatikanischen Politik gegen die staatlichen theologischen Fakultäten bekannt ist - im Gegenteil, ich würde das ausschließen, obwohl es meiner direkten Kompetenz nicht untersteht. Momentan werden der Reihe nach staatliche theologische Fakultäten in Polen errichtet ... Was es dagegen gibt - nicht in der Kurie als solcher, aber unter Leuten, die in ihr leben und außerhalb davon -, ist ein Disput darüber, wie weit die Gesellschaft diesen Auftrag noch erteilt. Herr Metz hat davon gesprochen, daß der von der Gesellschaft eingerichtete Ort für die öffentliche Verantwortung der Theologie und ihren Streit mit der Vernunft und um die Vernunft die Universität sei. Da ist eben zu fragen: Richtet die Gesellschaft diesen Ort tatsächlich noch ein? Denn wir stehen ja vor großen gesellschaftlichen Veränderungen ...

Ich würde allerdings bestreiten, daß die Theologie ihren öffentlichen Auftrag, den sie ohne Frage besitzt - daran gab es für mich überhaupt nie einen Zweifel und es kann auch keinen geben, wenn man das Wesen von Theologie verstanden hat -, nur innerhalb staatlicher Institutionen wahrzunehmen vermag. Es gibt ja diese Rechtsfigur nur in einem ganz begrenzten Teil der Welt, nämlich nur dort, wo es nach der Aufklärung noch Staatskirchen gab. Das heißt also in Mitteleuropa, Skandinavien und Großbritannien, ansonsten in der Welt nicht. In den romanischen Ländern nicht, weil sie die Trennung von Kirche und Staat ganz anders vollzogen haben, in Nordamerika nicht, weil dort von vornherein Kirchentum in kongregationalistischer Form entstanden ist und im allgemeinen eben nicht dem Staatssektor zugehört. Niemand wird sagen können, daß dort die Theologie ihre öffentliche Verantwortung nicht wahrnähme ...

Und schließlich: Es kann doch wohl nicht sein, daß die Kirche nicht imstande wäre, auch als Kirche Freiräume zu schaffen, in denen wirklich Theologie in der ihr gehörigen Freiheit und Verantwortung betrieben werden kann. Daß man dazu unbedingt das Vehikel des Staates braucht, das wäre doch ein kirchliches Defizit, das ich schlechterdings nicht annehmen kann, weil wir ja auch die Gegenbeispiele kennen. Natürlich gibt es auch immer die Beispiele der Enge, der Unfähigkeit und des Negativen.

Aber die gibt es ja auch in den theologischen Fakultäten ... Dies ist kein Plädoyer für die Abschaffung der Staatsfakultäten. Ich gehöre zu den relativ wenigen Leuten der gegenwärtigen theologischen Szenerie in Deutschland, die nicht nur ihr ganzes Studium, sondern fast ihr ganzes Leben an staatlichen Fakultäten verbracht haben, und würde wirklich darunter leiden, wenn es so etwas nicht mehr gäbe ... Aber was ich möchte, ist eine freie und offene, kritische und doch respektvolle Debatte darüber, wie all das in Zukunft in unserem Lande aussehen soll.

Leicht: Meine Damen und Herren, die Uhr hat sich einfach nicht geweigert stillzustehen. Wir sind am Ende, um es so zu sagen. Ich muß mich bei all denen entschuldigen, die gehofft hatten, sie würden zu Wort kommen und nun enttäuscht sind. Ich denke aber, daß das, was erörtert worden ist, in hohem Maße auch für die von Interesse war, die nicht zu Wort gekommen sind. Zum Schluß würde ich gern noch einmal den Jubilar fragen: Wann und wo hören wir die Rede Gottes?

Metz: Die Rede *von* Gott, die ja in einer spezifischen Weise zur Theologiebildung geführt hat, die wiederum mit dem Universalismus der Botschaft, die hier vertreten werden soll, zu tun hat – sie ist christlich nicht mehr an ein einziges Volk gebunden. Sie wendet sich vielmehr an die ganze Menschheit und muß nun auch über diesen Gott aller Menschen reden, ehe sie verständlich machen kann, daß sie selber ursprünglich aus einer Rede *zu* Gott stammt. Das heißt, dieses Reden über Gott muß sich selber als eine reflexive Form einer ganz anderen Rede, die wir die Sprache der Gebete nennen, verstehen ... Es scheint mir ganz wichtig, daß auch die Theologie niemals vergißt, ein „actus secundus" zu sein, also ein zweiter Akt, der Religion und Gebet oder eben auch Kirche voraussetzt. Oder Hoffnung, und die ist – das wäre mein letztes Wort – allemal so groß, so ungeheuerlich, so übertreibend, daß sie keiner für sich allein hoffen kann ... Dazu könnte man jetzt noch vieles sagen. Aber davon werden Sie mich jetzt dispensieren.

Leicht: Heute ja, lieber Johann Baptist Metz, aber die nächsten Jahre nicht. Alles Gute!

Jürgen Werbick

Was an der Zeit ist

Schlußwort

Die Glaubens-Ausrichtung auf das Ende der Zeit bedeutet für Glaube und Theologie gerade nicht, daß sie einen Standort „jenseits der Zeit" einnehmen könnten. Sie zwingt vielmehr - und befreit vielleicht auch - zu einer differenzierten Zeitwahrnehmung, zur möglichst genauen Wahrnehmung dessen, was an der Zeit ist. In dem, was an der Zeit ist, will und soll - theologisch gesprochen - Gottes guter Wille geschehen. Die Verlegenheit der Theologie - darüber hinaus der Gemeinschaft all derer, die in den Fußspuren Christi, des Gekreuzigten (1 Petr 2,21), den Weg der Nachfolge durch die Zeit suchen - besteht darin, daß in Kirche und Theologie heftig darum gestritten wird, was an der Zeit ist. Dieser Streit kann natürlich der Versuchung entspringen, sich dem Gehorsam gegenüber der im Zentralen eben doch eindeutigen Herausforderung des Christlichen zu entziehen. Davon war heute nachmittag die Rede. Vielleicht auch zeigt sich in ihm die Weigerung, die notwendige *Ungleichzeitigkeit* des Evangeliums auszuhalten. Aber zumeist geht es ja doch darum, ob und wo der „Skandal" der Ungleichzeitigkeit dem Evangelium geschuldet ist oder von einer skandalösen Empfindungslosigkeit und Hartherzigkeit gegenüber der Herausforderung *unserer* Zeit herrührt; darum letztlich, wovon und wozu authentische Nachfolge sich herausfordern lassen muß.

Zeitwahrnehmung heißt auch in der Kirche immer Differenzwahrnehmung. Der „Schleier des Nichtwissens" darum, wohin die *nächsten Schritte*, die man *jetzt* als die nötigen identifizieren muß, wirklich führen werden, ist auch von noch so kompetenten Experten oder Amtsträgern nicht zu lüften oder mit Röntgenaugen zuverlässig zu durchdringen. Es bedarf immer wieder neu der prophetisch gewagten und so auch umstrittenen, durchaus fehlbaren Glaubens-Hypothese darüber, was an der Zeit ist, welches die Schritte sind, die nun endlich gewagt werden müßten, darüber, wie sich die Treue zu dem, der diesen Weg „angefangen" und „gangbar" gemacht hat, der im Entscheidenden selbst der Weg ist, heute und morgen zu bewähren hat.

Zeitwahrnehmung heißt Wahrnehmung des Weges durch die Zeit und in ihr, gewiß von seinem im Glauben erschlossenen Ziel her, aber doch auch Wahrnehmung des Wagnisses, das mit den nächsten Schritten eingegangen werden muß. Die Treue zur Herkunft hat sich in diesem *Wagnis des Jetzt* zu konkretisieren; und man verweigert sich ihm, wenn man Zeitgenossenschaft verweigert und sich naiv oder hoch reflektiert einfach nur ans Überzeitliche halten will.

Das Risiko der Zeitgenossenschaft ist gerade in theologischer Perspektive beträchtlich. Wer es ehrlich einzugehen versucht, wird darum wissen, wie schnell man gegenwartsversessen der Zeit verfällt, den Selbstverständlichkeiten des Heute auf den Leim geht und dann gerade verfehlt oder abwehrt, was an der Zeit wäre. Die Orientierung am Ende der Zeit kann, wenn sie nicht allzu abstrakt bleibt, die Diktatur des Heute brechen und aus den Fesseln der Meinungen darüber, was heute „noch geht", befreien; sie kann das Vergessene oder Verdrängte neu geltend machen, dessen Würdigung jetzt an der Zeit wäre und Zukunft eröffnete. Und dennoch ist die Verweigerung von Zeitgenossenschaft Ausflucht, vielleicht auch der Versuch, ängstlich über der Zeit stehen zu wollen, damit der Zweifel angesichts der vor uns liegenden unsicheren Wegstrecke ins Vertrauen auf ein untrügliches Wissen und die es Verwaltenden überholt werde.

Theologie darf und muß daran mitarbeiten, daß man sich nicht kopflos, herzlos und gedächtnislos, damit aber auch hoffnungslos auf das Wagnis der Zeitgenossenschaft einläßt; sie darf – bei uns – und sie sollte mitarbeiten in dem gesellschaftlichen „Laboratorium", in dem dieses Wagnis – beileibe nicht nur technisch oder szientistisch – vorgedacht und kritisch begleitet wird: der Universität. In das gemeinsame Fragen und Forschen der Universitas litterarum hat die Theologie die vom religiösen Fragen der Menschen, speziell von den biblischen Überlieferungen provozierte und vom Evangelium Jesu Christi inspirierte Glaubens-Neugier einzubringen, auf das, was noch kommt, weil Gott in diese Welt kommt und sie durch seinen Geist verwandelt; die Neugier darauf, wie das sein wird und geschehen kann, was Frau Goodman-Thau heute als das Merkmal der messianischen Zeit angesprochen hat: daß nichts und niemand mehr mit Gewalt ausgeschlossen und mit Gewalt aufgenommen wird. So ist es für uns TheologInnen kaum zu verstehen - und auch davon war heute die Rede -, wenn diese Mitarbeit innerkirchlich immer stärker unter Verdacht gestellt und dann im konkreten Fall auch verhindert wird. Daß es politisch-gesellschaftliche Interessenlagen gibt, die den Ausschluß der Theologie aus der Universität spruchreif machen wollen, ist ja offenkundig. Wir fragen uns einigermaßen betroffen, ob es amtskirchliche Interessen und Optionen gibt, die es nahelegen, mit solchen gesellschaftlich-politischen Kräften zu koalieren.

Ich habe vom Risiko der Zeitgenossenschaft gesprochen, dem hohen Risiko der Fehlbarkeit, dem die Wissenschaften sich nicht entziehen können. Wollten Wissenschaften unfehlbar sein, so wären sie lernunfähig. Lernen heißt wesentlich auch: aus Fehlern und Irrtümern angemessene Konsequenzen zu ziehen und aus schiefen Alternativen, die die anstehende Problematik verzeichnen, mit Anstand wieder herauszukommen; heißt theologisch *Umkehr*, wo man sich verrannt hat. Darf man theologisch für möglich halten und gegebenenfalls in solidarischer Kritik zum Thema machen, daß es in lehramtlicher Praxis einen zu schnellen Rekurs auf Unfehlbarkeit und Endgültigkeit geben kann, der dann die fälligen Lernprozesse abzuschneiden droht?

Die Theologie lebt in der universitär-gesellschaftlichen und der kirchlichen Öffentlichkeit mit dem Risiko der Fehlbarkeit. So muß sie sich auch - etwa vom kirchlichen Lehramt - auf vermeintliche oder tatsächliche Fehler hinweisen lassen. Aber heißt das einfachhin und pauschal, daß das hierarchische Lehramt gewissermaßen auf der sicheren Seite ist und in jeder Hinsicht treffsicher über die Kriterien verfügt, die es in die Lage versetzen, der Theologie ihr

„Zuwenig" an Ursprungstreue vorzurechnen? Gibt es nicht auch ein „Zuwenig" an Mitleben-Wollen mit den Unsicherheiten, den Erfahrungen und Nöten, den Hoffnungen und Leiden der Zeitgenossen, ein „Zuviel" an Darüberstehen-Wollen und Definitivitätsanspruch? Darf man sich vom Lehramt der Hirten nicht etwas mehr Solidarität für diejenigen wünschen, die mit dem Risiko von Versuch und Irrtum, dem Risiko der Blamage gewissermaßen, tagtäglich leben müssen und auch leben wollen, weil sie wissen, daß vieles anders nicht erlernt werden kann?

Wir wünschen uns ein vertrauensvolles Gespräch und verantwortlichen Streit auch in der Kirche über das, was an der Zeit ist und verfehlt werden müßte, wenn man davor einfach nur Angst hätte. Und wir möchten dieses Gespräch auch da für sinnvoll und möglich halten, wo es vielleicht Anlaß gibt, zuerst einmal Gerechtigkeit einzufordern für all die, die in Konfliktsituationen dazu die Möglichkeit nicht hatten. Ich möchte bei all dem, woraus ich hier kein Hehl gemacht habe, dieses Gespräch in Ahaus für ein Zeichen der Hoffnung auch darauf halten, daß uns das theologische Gespräch in der gemeinsamen Verantwortung zusammenführen und in den unterschiedlichen Zuständigkeiten aufeinander zuführen kann. Wenn diese Hoffnung begründet ist – und wie könnte sie als Hoffnung unseres Glaubens unbegründet sein! –, so ist dieses Gespräch über alle persönliche Getroffenheit hinaus zu suchen.

Ich danke im Namen derer, die hier sein konnten, und so auch im eigenen Namen von Herzen denen, die dieses Gespräch gesucht und sich ihm vielleicht nicht gerade leichten Herzens ausgesetzt haben. Ich danke Claudius Tanski, der das Wort so wohltuend relativierte. Und ich danke den Aktiven im Freundeskreis um Johann Baptist Metz, speziell Tiemo Rainer Peters, die sich in ihrer Idee, diese Tagung zu initiieren, nicht beirren ließen. Zuletzt, aber mit besonderer Herzlichkeit, danke ich Claus Urban und all denen, die dieses Gespräch hier vor Ort möglich gemacht, vorbereitet und ihm mit ihrem engagiert-professionellen Einsatz den Rahmen gegeben haben.

Tagungsprogramm

ab
09.00 Uhr *Anreise/Einlaß*

10.00 Uhr *Begrüßung und Einführung*
Dr. Claus Urban
aktuelles forum/Bildungsforum e.V. Ahaus

Dr. Tiemo Rainer Peters
Katholisch-Theologische Fakultät der Universität Münster
Freundes- und Schülerkreis Johann Baptist Metz

10.15 Uhr *Vortrag*
Joseph Kardinal Ratzinger
Präfekt der Kongregation für die Glaubenslehre, Rom
Ende der Zeit?

11.00 Uhr *Kaffeepause*

11.30 Uhr *Vortrag*
Prof. em. Dr. Dr. Johann Baptist Metz
Katholisch-Theologische Fakultät der Universität Münster
Gott. Wider den Mythos von der Ewigkeit der Zeit

12.15 Uhr *Gespräch*
Kardinal Ratzinger/Prof. Metz

12.45 Uhr *Matinee*
Claudius Tanski (Mozarteum Salzburg), Klavier
Franz Liszt, Franz Schubert

13.15 Uhr *Mittagessen/Pause*

15.00 Uhr	*Statements* Prof. em. Dr. Jürgen Moltmann Evangelisch-Theologische Fakultät der Universität Tübingen Prof. Dr. Eveline Goodman-Thau Seminar für Jüdische Studien an der Universität Halle-Wittenberg
15.45 Uhr	*Kaffeepause*
16.15 Uhr	*Podiums- und Plenums-Diskussion* Podium: Joseph Kardinal Ratzinger Johann Baptist Metz Jürgen Moltmann Eveline Goodman-Thau Moderation: Robert Leicht (DIE ZEIT, Hamburg)
17.45 Uhr	*Soiree* Claudius Tanski Franz Schubert, Bedřich Smetana
18.15 Uhr	*Schlußwort* Prof. Dr. Jürgen Werbick Seminar für Fundamentaltheologie an der Katholisch-Theologischen Fakultät der Universität Münster
18.30 Uhr	*Ende der Tagung*

Kurzbiographien/Kurzbibliographien

Goodman-Thau, Eveline, Prof. Dr. phil., geb. 1934 in Wien, überlebte das Nazi-Regime im Versteck in Holland; seit 1956 in Jerusalem tätig. Studium der Jüdischen Religions- und Geistesgeschichte in Amsterdam und Jerusalem; Lehrtätigkeit in Israel; Gastvorlesungen an Hochschulen in Deutschland: 1990/91 Franz-Rosenzweig-Gastprofessorin an der Universität/Gesamthochschule Kassel und 1993 Karl-Jaspers-Gastprofessorin an der Universität Oldenburg; zur Zeit Professorin an der Martin-Luther-Universität in Halle, wo sie ein Seminar für Jüdische Studien aufbaut, und Gastprofessorin an der Havard Divinity School/Havard University in Cambridge, USA.

Veröffentlichungen: *Zeitbruch - Zur messianischen Grunderfahrung in der jüdischen Tradition* 1995. Mitherausgeberin von: *Kabbala und Romantik* 1994; *Messianismus zwischen Mythos und Macht. Jüdisches Denken in der europäischen Geistesgeschichte* 1994; Editionsreihe *Jüdische Quellen: Das Buch Jezira* 1993; *Maimonides. Das Buch der Erkenntnis* 1994; *Salomo Ibn Gabirol. Krone des Königtums* 1994. Zahlreiche Aufsätze zur jüdischen Religionsphilosophie, Geistesgeschichte und zur Kabbala.

Leicht, Robert, geb. 1944 in Naumburg/Saale; 1965–1970 Studium der Rechte in Berlin und Saarbrücken; 1970–1985 Leitartikler der Süddeutschen Zeitung; ab 1983 Ressortleiter Innenpolitik; 1986 bis 1992 Ressortleiter Politik und stellvertretender Chefredakteur der ZEIT; 1992–1997 Chefredakteur; z.Zt. Politischer Korrespondent. Seit 1997 Mitglied der Landessynode der Nordelbischen Ev.-Luth. Landeskirche und Mitglied im Rat der Evangelischen Kirche in Deutschland. Karl-Hermann-Flach-Preis 1977; Theodor-Wolff-Preis 1983.

Veröffentlichungen: *Grundgesetz und politische Praxis* 1974; *Aufbruch zur politischen Vernunft* 1983.

Metz, Johann Baptist, Prof. Dr. phil., Dr. theol., Dr. theol. h.c., geb. 1928 im heutigen Auerbach (Oberpfalz); Studium in Bamberg, Innsbruck und München; 1954 zum Priester geweiht; 1963–1993 Ordinarius für Fundamentaltheologie an der Westfälischen Wilhelms-Universität Münster; ab 1966 Mitglied des Gründungsausschusses der Reformuniversität Bielefeld; Gründungsbeauftragter für ein bikonfessionelles und interdisziplinäres Theologisches Institut der Universität Bielefeld; Mitherausgeber der internationalen theologischen Zeitschrift *Concilium;* Konsultor des Päpstlichen Sekretariats für die Ungläubigen von 1968–1973; 1971–1975 Berater bei der Synode der Deutschen Bistümer; seit 1982 Mitglied im Beirat des Instituts für die Wissenschaften vom Menschen (Wien); von 1993–1998 Gastprofessor für Religionsphilosophie und Weltanschauungslehre an der Universität Wien; Ehrendoktor der Universität Wien 1994.

Veröffentlichungen: *Armut im Geiste* 1962; *Christliche Anthropozentrik* 1962; *Zur Theologie der Welt* 1968 u.ö.; *Zeit der Orden? Zur Mystik und Politik der Nachfolge* 1977 u.ö.; *Glaube in Geschichte und Gesellschaft. Studien zu einer praktischen Fundamentalteologie* 1977 *u.ö.* (Neuausgabe 1992); *Jenseits bürgerlicher Religion* 1980 u.ö.; *Unterbrechungen. Theologisch-politische Perspektiven und Profile* 1981; *Zum Begriff der neuen Politischen Theologie* 1997; mit E. Kogon u.a.: *Gott nach Auschwitz* 1979; mit F.-X. Kaufmann: *Zukunftsfähigkeit. Suchbewegungen im Christentum* 1987; mit D. Sölle: *Welches Christentum hat Zukunft?* 1990; mit T.R. Peters: *Gottespassion* 1991; mit H.E. Bahr: *Augen für die Anderen* 1991; mit E. Wiesel: *Trotzdem hoffen* 1993; mit J. Habermas u.a.: *Diagnosen zur Zeit* 1994; mit J. Manemann: *Christologie nach Auschwitz. Stellungnahmen im Anschluß an Thesen von Tiemo Rainer Peters* 1998.

Moltmann, Jürgen, Prof. Dr. theol., Dr. h.c. mult., geb. 1926 in Hamburg; ev.-ref.; 1948 Studium in Göttingen; 1958–1963 Professor für Dogmengeschichte und Dogmatik an der Kirchlichen Hochschule Wuppertal; 1963–1967 Ordinarius für Systematische Theologie und Sozialethik an der Evangelisch-Theologischen Fakultät in Bonn; 1967–1992 o. Professor für Systematische Theologie an der Universität Tübingen; Mitherausgeber der *Evangelischen Kommentare*; zahlreiche Gastprofessuren, u.a. in den USA; Literaturpreis d'Isola d'Elba (1971); Ernst-Bloch-Preis 1994; Ehrendoktor zahlreicher Universitäten und Hochschulen.

Veröffentlichungen: *Christoph Pezel und der Calvinismus in Bremen* 1958; *Prädestination und Perseveranz* 1961; *Theologie der Hoffnung* 1964 u.ö.; *Perspektiven der Theologie* 1968; *Der Mensch* 1971; *Der gekreuzigte Gott* 1972; *Die Sprache der Befreiung* 1972; *Das Experiment Hoffnung* 1974; *Kirche in der Kraft des Geistes* 1975; *Neuer Lebensstil* 1977; *Zukunft der Schöpfung* 1977; *Trinität und Reich Gottes* 1980; *Nachfolge und Bergpredigt* 1982 (Hg.); *Politische Theologie – Politische Ethik* 1984; *Gott in der Schöpfung* 1985; *Der Weg Jesu Christi* 1989; *Gerechtigkeit schafft Zukunft* 1990; *Der Geist des Lebens* 1991; *Das Kommen Gottes. Christliche Eschatologie* 1995.

Peters, Tiemo Rainer, Dr. theol., geb. 1938 in Hamburg; Dominikaner; 1966 zum Priester geweiht; Akademischer Rat an der Katholisch-Theologischen Fakultät der Universität Münster.

Veröffentlichungen: *Die Präsenz des Politischen in der Theologie Dietrich Bonhoeffers* 1976; *Tod wird nicht mehr sein* 1978; *Theologisch-politische Protokolle* (Hg.) 1981; *Steh auf und geh. Anstiftungen aus dem Evangelium* 1984; mit J.B. Metz: *Gottespassion. Zur Ordensexistenz heute* 1991; *Mystik – Mythos – Metaphysik. Die Spur des vermißten Gottes* 1992; mit Th. Pröpper u. H. Steinkamp: *Erinnern und Erkennen. Denkanstöße aus der Theologie von Johann Baptist Metz* 1993; *Nach Auschwitz von Gott sprechen* 1995; *Johann Baptist Metz. Theologie des vermißten Gottes* 1998.

Ratzinger, Joseph Kardinal, Prof. Dr. theol., Dr h.c. mult., geb. 1927 in Traunstein; 1946–1951 Studium an der Phil.-Theolog. Hochschule in Freising und an der Universität München; 1951 zum Priester geweiht; ab 1951 Privatdozent an der Universität München und in Freising; 1958 a.o. Professor an der Freisinger Hochschule; 1959–1963 o. Professor für Dogmatik an der Universität Bonn, 1963–1966 Münster, 1966–1969 Tübingen und Regensburg; Konzilstheologe; Mitglied der Glaubenskommission der Deutschen Bischöfe und der Internationalen Päpstlichen Theologenkommission in Rom; Erzbischof von München-Freising 1977; 1981 Präfekt der Glaubenskongregation; Ehrendoktor der Universität Eichstätt (1987) und der Universität Navarra (1998); Bayerische Verfassungsmedaille in Gold (1987); Karl-Valentin-Orden (1989); Minervaorden der Universität d'Annunzio (1989); Augustinus-Bea-Preis (1989); Gr. Leopold-Kunschak-Preis (1991); Goldmedaille des nationalen Preises für katholische Kultur (1992); Capri-Preis „San Michele" (1992); Bayerischer Maximiliansorden (1995).

Veröffentlichungen: *Der Gott des Glaubens und der Philosophen* 1960; *Die christliche Brüderlichkeit* 1960; mit K. Rahner: *Episkopat und Primat* 1961; *Die erste Sitzungperiode des Zweiten Vatikanischen Konzils - Ein Rückblick* 1963; *Einführung in das Christentum* 1968; *Demokratisierung in der Kirche - Möglichkeiten, Grenzen, Gefahren* 1970; *Das neue Volk Gottes: Dogma und Verkündigung* 1973; *Wer verantwortet die Aussagen der Theologie?* 1976; *Zur Lage des Glaubens. Ein Gespräch mit Vittorio Messori* 1985 (dt.); *Kirche, Ökumene, Politik* 1988; *Auf Christus schauen. Einübung in Glaube, Hoffnung, Liebe* 1989; *Zur Gemeinschaft gerufen: Kirche heute verstehen* 1991; *Wesen und Auftrag der Theologie: Versuche zu einer Ortsbestimmung im Disput der Gegenwart* 1993; *Salz der Erde. Christentum und Katholische Kirche an der Jahrtausendwende. Ein Gespräch mit Peter Seewald* 1996; *Aus meinem Leben. Erinnerungen* 1998.

Tanski, Claudius, geb. 1959 in Essen, Studium Klavier und Dirigieren in Essen, Salzburg, Wien und London, u.a. bei Alfred Brendel. Preise bei verschiedenen Wettbewerben (u.a. Bozen, Budapest); Festival-Konzerte (u.a. Lockenhaus, Schleswig-Holstein, Carinthischer Sommer, Klavierfestival Atlanta – USA); TV-Produktionen; dreimal „Preis der Deutschen Schallplattenkritik"; umfangreiche Kammermusiktätigkeit; ständiges Mitglied des „Consortium Classicum";

CD-Einspielungen u.a. Reubke, Klaviersonate b-moll; Busoni, Transkriptionen und Originalwerke; Liszt/Draeseke, Sonate h-moll, Sonate cis-moll; Smetana, Sämtliche Klavierwerke.

Urban, Claus, Dr. theol., geb. 1943 in Vilshofen/Bayern; seit 1975 Direktor des aktuellen forums, Volkshochschule in Ahaus/Westfalen; Gründer und erster Künstlerischer Leiter der Euregio Konzertgesellschaft; Mitinitiator der Landesmusikakademie Nordrhein-Westfalen in Heek/Kreis Borken; Mitbegründer des Künstlerdorfes Schöppingen/Kreis Borken; Mitglied der Jury des Adolf-Grimme-Fernsehpreises; Lehrbeauftragter für Erwachsenenbildung an den Universitäten Bochum, Dortmund und Köln. Veröffentlichungen zu Theologie, Kultur und Erwachsenenbildung.

Werbick, Jürgen, Prof. Dr. theol., geb. 1946; 1973-1975 Pastoralassistent; 1981 Dr. habil. (Fundamentaltheologie/Ökumenische Theologie); 1981 bis 1994 o. Prof. für Systematische Theologie an der Universität-Gesamthochschule Siegen; ab 1994 o. Prof. für Fundamentaltheologie an der Katholisch-Theologischen Fakultät der Universität Münster; Mitglied der Schriftleitung des *Prediger und Katechet*; verheiratet.

Veröffentlichungen: *Schulderfahrung und Bußsakrament* 1985; *Glaube im Kontext* ²1987; *Glaubenlernen aus Erfahrung* 1989; *Soteriologie* 1990; mit G. Fuchs: *Scheitern und Glauben* 1991; *Offenbarungsanspruch und fundamentalistische Versuchung* (Hg.) 1991; *Vom entscheidend und unterscheidend Christlichen* 1992; *Bilder sind Wege. Eine Gotteslehre* 1992; mit M. von Brück: *Der einzige Weg zum Heil? Die Herausforderung des christlichen Absolutheitsanspruchs durch pluralistische Religionstheologien* 1993; *Kirche. Ein ekklesiologischer Entwurf für Studium und Praxis* 1994; *Traditionsabbruch - Ende des Christentums?* 1994; *Vom Wagnis des Christseins* 1995; mit K. Hilpert: *Mit den Anderen leben. Wege zur Toleranz* 1995; *Erlösung erzählen - verstehen - verkündigen: theologische Hinführung - Texte zu Predigt und Meditation* 1997.